Wolfgang Menzel

Praxis Grammatik

Sprachreflexion
Rechtschreibung
Zeichensetzung

westermann

Druck A[3] / Jahr 2016
Alle Drucke der Serie A sind im Unterricht parallel verwendbar.

Redaktion: Regina Nußbaum
Typografisches Konzept: Sandra Grünberg
Umschlaggestaltung: Thomas Schröder
Satz: Utesch Media Processing GmbH
Druck und Bindung: westermann druck GmbH, Braunschweig

ISBN 978-3-14-**120550**-3

Inhalt

Einführung

Dieses Buch ist ein Nachschlagewerk, in dem die wichtigsten Fragen zur Grammatik beantwortet werden. Auch Probleme der Rechtschreibung und Zeichensetzung, sofern sie etwas mit Grammatik zu tun haben, werden darin geklärt. Die Grundlage dafür ist das, was bisher in der Schule über Grammatik gelernt wurde. Doch man hat ja nicht nur vieles gelernt, sondern auch manches wieder vergessen, und einiges ist vielleicht überhaupt nicht behandelt worden. Da stellt sich manchmal also eine Frage, die man gern beantwortet hätte; oder man möchte sich vergewissern, was man wirklich noch weiß, – oder etwas nachschlagen, wenn man es nur noch halbwegs weiß. Dazu soll dieser Überblick dienen.

Eine überschaubare Grammatik wie diese hier möchte den Zugang zu grammatischen Fragen erleichtern. Vielleicht weckt sie auch Neugier, sich einmal mit Phänomenen der Grammatik näher zu befassen. Unsere Sprache, dieses wunderbare Instrument der Verständigung, das uns zugleich für Poesie und Genauigkeit wie auch für Witz, Verführung und Lüge zur Verfügung steht, etwas genauer durchschauen zu lernen, das kann ja durchaus auch Freude bereiten.

Die Grammatik bereichert nicht nur das Wissen und die Einsicht in unsere Sprache, sondern dient auch dem Verstehen und Analysieren von Texten und sogar dem Verfassen eigener Texte; daher werden die formalen Dinge, die Grammatik nun einmal ausmachen, durch eine Fülle von Textbeispielen anschaulich gemacht. An ihnen ist zu erkennen, wie grammatische Formen einen Text bestimmen können. Wer dies erkannt hat, kann Texte besser durchschauen – und womöglich mit größerem Vergnügen lesen.

Natürlich ist es auch wichtig, zu wissen, was grammatikalisch richtig ist und wie man Sprache korrekt verwendet; dazu bieten die einzelnen Kapitel wichtige Hilfen. Ebenso hilfreich ist es aber auch, zu erfahren, wie Sprache sich ständig verändert und wie jeder Sprecher und Schreiber selbst Anteil an den Veränderungen hat; auch darauf wird an vielen Stellen hingewiesen.

Die Reihenfolge der Kapitel verläuft vom Kleinen zum Großen: von den Elementen der Sprache wie Buchstaben und Silben bis hin zu den Sätzen und Satzgefügen. Doch immer wieder werden Brücken geschlagen zu komplexeren Texten, um deutlich zu machen, wie die Wörter und Sätze in Texten verwendet werden. Es geht also auch um den Gebrauchswert, um die „Praxis" von Grammatik, Orthografie und Interpunktion.

Im Anhang befindet sich ein kleiner Test mit grundlegenden Fragestellungen zu grammatischen Phänomenen. Die entsprechenden Seitenverweise dienen dazu, die Fragen mit Hilfe dieses Buches kompetent beantworten zu können.

Am Ende des Buches befindet sich ein Stichwortverzeichnis, das auf einzelne grammatische Kategorien hinweist. Wer also zum Beispiel wissen möchte, wie sich Texte im *Nominalstil* von solchen im *Verbalstil* unterscheiden, was ein *Passiv* besser kann als ein *Aktiv* – oder umgekehrt, wann man ein *Komma* setzt und wann nicht, der kann unter diesen Stichwörtern nachschlagen und findet so die entsprechenden Antworten und Erklärungen.

Das Wort

Wie viele Wörter unsere Sprache enthält, ist kaum zu überschauen. Der Rechtschreib-Duden von 2006 enthält nach Auskunft des Vorwortes „rund 130 000 Stichwörter“, darunter „rund 3 500 neu verzeichnete Wörter“. Dabei sind viele Termini bestimmter Fächer und Fachwissenschaften gar nicht mitgerechnet; denn ein Rechtschreibwörterbuch führt nur diejenigen Wörter auf, die ein gebildeter Mensch richtig schreiben können möchte, nicht aber z. B. die Riesenmenge medizinischer, technischer oder musikwissenschaftlicher Fachbegriffe.

In jeder Auflage eines Wörterbuches kommen neue Wörter hinzu. Immer neue Dinge und Sachverhalte unserer Welt wollen durch immer neue Wörter bezeichnet werden. Nun bezeichnet man einen neu erfundenen Gegenstand nicht etwa mit einem ganz neu erfundenen Wort wie *Glosular,* sondern man wählt bereits vorhandene Wörter und setzt sie zu neuen zusammen. Dabei kommt dann z. B. der *Plasmafernseher* heraus. Die überwiegende Anzahl der neuen Wörter, die beinahe täglich entstehen, werden durch die Wortbildung aus vorhandenen Wörtern produziert – oder aus Fremdsprachen übernommen wie z. B. *Weblog*.

Natürlich kennt kein Mensch alle diese 130 000 Wörter, die in einem neuen Wörterbuch stehen. Wie viele aber von ihnen verstehen wir, wenn sie in einem Text oder einem Gespräch vorkommen? Wörter, die wir verstehen, gehören zu unserem „passiven Wortschatz“. Eine amerikanische Untersuchung hat ergeben, dass ein Oberschulabgänger in den USA rund 45 000 verschiedene Wörter verstehen kann. Wie viele er davon tatsächlich auch in seinen eigenen Texten verwendet, wissen wir nicht. Der „aktive Wortschatz“ ist jedenfalls immer sehr viel geringer. Er würde sich ergeben, wenn man alle verschiedenen Wörter zählt, die ein Mensch im Laufe einer bestimmten Zeit in seinen schriftlichen Texten oder in den Gesprächen mit anderen Menschen verwendet. Von dem Dichter Shakespeare wissen wir, dass sein Werk rund 15 000 verschiedene Wörter (also seines aktiven Wortschatzes) umfasst. In den Texten eines Gymnasialschülers von heute käme man im Laufe seiner Schulzeit wahrscheinlich auf zwischen 5 000 und 10 000 verschiedene geschriebene Wörter, je nach der sprachlichen Differenziertheit, die jemandem zur Verfügung steht.

Was ist ein Wort?

Mit dem Begriff „Wort" werden entweder **Wortformen** bezeichnet, wie sie in einem **Text** stehen *(er wandert auf hohe Berge)*, oder **Lexeme** (Wörter), wie sie in einem **Wörterbuch** stehen *(er, wandern, auf, hoch, Berg ...)*.
Ein Wort hat eine oder mehrere **Bedeutungen** bzw. **Funktionen**. Die **Wortbedeutung** verweist auf etwas **außerhalb** der sprachlichen Welt, also auf die Tätigkeit des Wanderns, die Berge und ihre Höhe. Die **Funktionen** verweisen auf etwas **innerhalb** der Sprache, also auf die Verknüpfung von Wörtern in Sätzen und Texten: *er, auf.*

Phoneme – Buchstaben

Ein Wort setzt sich aus Phonemen (Lauten der gesprochenen Sprache) bzw. Graphemen (Buchstaben der geschriebenen Sprache) zusammen:
[fá:ren] – fahren, [bärk] – Berg ...

Die Liste der Phoneme umfasst in der deutschen Sprache:

a) stimmhafte Konsonanten: *[b], [d], [g], [j], [l], [m], [n], [ŋ], [r], [z], [w]*
b) stimmlose Konsonanten: *[ç], [χ], [f], [k], [p], [s], [ʃ], [t]*
c) Konsonantenkombinationen (Affrikaten): *[ks], [pf], [ts]*
d) Langvokale (gespannte Vokale): *[a:], [ä:], [e:], [i:], [o:], [ö:], [u:], [ü:]*
e) Diphthonge: *[ai], [au], [oi]*
f) Kurzvokale (ungespannte Vokale): *[a], [ɛ], [i], [o], [ö], [u], [ü]*

Diesen Phonemen entsprechen der obigen Reihenfolge nach folgende Buchstaben(-kombinationen):

a) für stimmhafte Konsonanten: *b, d, g, j, l, m, n, ng (Ring), r, s (→ See), w/v*
b) für stimmlose Konsonanten: *(i)ch, (a)ch, f/v, k/ck/q/c, p, ß/s (→ aß/Gas), sch, t*
c) für Konsonantenkombinationen: *x/ks/chs, pf, ts/z/tz*
d) für Langvokale: *a/aa/ah, ä/äh, e/eh/ee, i/ih/ie, o/oh/oo, ö/öh, u/uh, ü/üh/y*
e) für Diphthonge: *ai/ei, au, äu/eu*
f) für Kurzvokale: *a, e/ä, i/y, o, ö, u, ü/y*

Darüber hinaus besitzt das Alphabet noch den Buchstaben *h*, mit dem ein gehauchter Anlaut bezeichnet wird: *Herz* (gegenüber *Erz)*.

Die deutsche Schrift ist eine Buchstabenschrift. Die orthografischen Schreibungen vieler Wörter lassen sich aus den Regeln der Laut-Buchstaben-Zuordnung (Phonem-Graphem-Korrespondenz) herleiten:
rot, grün, braun, oben, unten, Gras, Boden, leben, loben ...

Viele andere Wörter werden aber nach anderen Gesichtspunkten abgeleitet, z. B. gemäß der Silbigkeit oder der Morphologie eines Wortes:
- Gemäß der Silbigkeit schreibt man *Knall* mit *ll*, weil es von *knal-len* kommt;
- gemäß der Morphologie schreibt man *Kind* mit *d*, weil es von *Kin-der* kommt.

Silben

Silben sind die kleinsten Einheiten eines gesprochenen Wortes. Ein Wort besteht mindestens aus einer Silbe; die meisten der Wörter unserer Sprache bestehen aus zwei Silben. Den **Mittelpunkt** (Kern) einer Silbe bildet der **Vokal**. Den **Anfangsrand** und **Endrand** von Silben können **Konsonanten** oder **Konsonantenkombinationen** bilden:
[an] – an, [ran] – ran, [lant] – Land, [brant] – Brand ...

Zweisilbige Wörter bestehen aus einer **betonten** und einer **unbetonten** Silbe:
[lá:|den] – la-den, [lán|den] – landen ...

Eine **offene** Silbe endet mit einem langen (gespannten) Vokal: *[l**á**|den].*
Eine **geschlossene** Silbe endet mit einem Konsonanten: *[la**n**|den].*

Silbentrennung

Man trennt mehrsilbige Wörter am Zeilenende grundsätzlich so, wie sie beim Sprechen in **Sprechsilben** zerlegt werden:
an-ma-len, zer-le-gen, Sprech-sil-ben ...
Nicht abgetrennt werden jedoch **einzelne Vokalbuchstaben** am Wortanfang oder am Wortende, obwohl es sich dabei um Sprechsilben handeln kann:
[e:|ber] – Eber, [soi|e] – Säue, [po|e|si:] – Poe-sie.

Bei **Mehrfachkonsonanz** im Wortinneren kommt ein **einzelner Konsonant** in der Regel auf die neue Zeile: *kämp-fen, schun-keln, schöns-te ...*

Suffixe, die mit einem Vokal beginnen, werden mit dem letzten Konsonanten zusammen abgetrennt: *-ung, -ig, -er, -ant, -ent ...: Dü-nung, lus-tig, grö-ßer, Dia-mant, Instru-ment ...*

Fremdwörter können nach Sprechsilben oder nach Wortstämmen getrennt werden:
Pä-da-go-gik – Päd-ago-gik, Fe-bru-ar – Feb-ru-ar, Hy-drant – Hyd-rant ...

Zusammengesetzte Wörter werden nach ihren Bestandteilen getrennt:
Diens-tag, be-stimmt, Last-au-to ...
Wird ein Wort aber nicht als Zusammensetzung empfunden, so kann man auch nach Sprechsilben trennen:
wa-rum (war-um), hi-nauf (hin-auf), in-te-res-sant (in-ter-es-sant) ...

Morpheme

Morpheme sind die kleinsten Einheiten der Sprache, die eine **Bedeutung** tragen. Den Kern eines Wortes bildet das **Stammmorphem**, und viele Wörter bestehen nur daraus: *Weg, schön, geh! ...*

Die meisten Wortformen setzen sich jedoch aus mehreren Morphemen zusammen:
– Wörter mit **Flexionsmorphemen**: *Weg|e, schön|er, geh|en.*
– Wörter mit **Wortbildungsmorphemen**: *un|weg|sam, Schön|heit, be|geh|bar.*

Stammmorpheme können ihre lautliche Gestalt verändern und bilden Varianten mit Umlauten oder anderen Vokalen: *Mann – Männ|er, ess|en – aß ...*

Wortbildung

In unserer Sprache gibt es Hunderttausende von Wörtern. Fast jeden Tag entstehen neue. Immer, wenn etwas Neues erfunden wird, brauchen wir ein neues Wort dafür: Als man früher die Dinger erfand, die man sich unter die Schuhe schnallen und darauf rollen konnte, nannte man sie *Rollschuhe*. Als aus Amerika die moderneren Dinger zu uns kamen, die wir heute benutzen, nannte man sie *Rollerskates*.
Manche dieser Wörter übernehmen wir aus anderen Sprachen wie z. B. *Skateboard*. Doch die meisten neuen Wörter werden aus Wörtern gebildet, die wir in unserer Sprache schon haben, wie z. B. *Rollkragen, Rollschuhbahn, Rolltreppe, Rollstuhl*. Auf welch unterschiedliche Weise das geschieht, zeigt die folgende Übersicht zum Stammmorphem *-spiel*:

-spiel-

1 Kombination Wort + Wort	**2a** Kombination Präfix + Wort	**2b** Kombination Wort + Suffix	**2c** Wort ohne Präfix/Suffix	**3** Kurzform- bildung
Komposition	Ableitung	Ableitung	Umbildung	Verkürzung
Spiel|feld *Würfel|spiel*	*Zu|spiel* *Ab|spiel*	*Spiel|er* *spiel|er|isch*	*das Spiel*	*SV (= Spielverein)*

Komposition: Kombination selbstständiger Wörter

Zusammengesetzte Wörter (Komposita) bestehen aus zwei selbstständigen Wörtern oder Stammmorphemen:
Schule + Tasche → Schultasche; hell + blau → hellblau; rollen + Stuhl → Rollstuhl.
Die Wörter, aus denen Komposita gebildet worden sind, haben im zusammengesetzten Wort eine unterschiedliche Aufgabe. Die hängt davon ab, an welcher Stelle die Wörter in der Zusammensetzung stehen: *Topfblume* und *Blumentopf.*
Beim Wort *Topfblume* handelt es sich um eine Blume, beim Wort *Blumentopf* dagegen handelt es sich um einen Topf. Das heißt, dass der **zweite Teil** der Zusammensetzung die Hauptbedeutung des zusammengesetzten Wortes festlegt. Deshalb wird dieser Teil der Zusammensetzung auch **Grundwort** genannt.
Der **erste Teil** der Zusammensetzung gibt **genauere** Auskunft über *Blume* bzw. über *Topf.*
Eine Topfblume ist eine Blume, die in einem Topf wächst. Sie ist also keine Wiesenblume, keine Waldblume und auch keine Gartenblume. Ein Blumentopf dagegen ist ein Topf für Blumen, also kein Kaffeetopf, kein Wassertopf. Daran ist zu ersehen, dass der erste Teil der Zusammensetzung wichtig ist für die Bedeutung des gesamten zusammengesetzten Wortes. Er **bestimmt** das Grundwort **näher.** Deshalb wird dieser Teil der Zusammensetzung auch **Bestimmungswort** genannt.

In vielen Komposita ist zwischen dem Grund- und Bestimmungswort ein Buchstabe eingeschoben: *Klasse/n/arbeit, Übung/s/diktat, Hund/e/kuchen.* Diese Buchstaben werden **Fugenelemente** genannt. Häufig erleichtert ein solches Fugenelement das Aussprechen des zusammengesetzten Wortes. Es gibt auch eine Art „Grenze“ zwischen den beiden Wörtern an.

Derivation (Ableitung): Kombination von Wörtern mit Affixen

Von bereits vorhandenen Wörtern bzw. Wortstämmen können durch das Anfügen von Wortbausteinen (Affixen) andere Wörter gebildet werden. Man nennt diese Art der Wortbildung **Derivation** (Ableitung):
Präfixbildung: ***vor**/lesen*
Suffixbildung: *les/**bar***
Präfix- und Suffixbildung: ***un**/les/**bar***
Mit Präfixbildungen wird in der Regel die Bedeutung des Wortstammes erweitert oder präzisiert. Mit Suffixbildungen wird in der Regel ein Wort in eine andere Wortart überführt.

Suffixe für Nomen			**Suffixe für Adjektive**		
Mann	→	*Mann/schaft*	*brauchen*	→	*brauch/bar*
kühl	→	*Kühl/er*	*zagen*	→	*zag/haft*
wahr	→	*Wahr/heit*	*Dornen*	→	*dorn/ig*
eitel	→	*Eitel/keit*	*Mode*	→	*mod/isch*
feige	→	*Feig/ling*	*Sport*	→	*sport/lich*
zeugen	→	*Zeug/nis*	*Furcht*	→	*furcht/los*
heilen	→	*Heil/ung*	*Mühe*	→	*müh/sam*

Morphologisches Prinzip und Silbenprinzip der Orthografie

Die folgenden orthografischen Regeln gehorchen (außer prinzipiell dem Laut-Buchstaben-Prinzip) dem Silbenprinzip bzw. dem morphologischen Prinzip:

Das silbentrennende h

Das silbentrennende *h* steht oftmals dann, wenn die erste betonte Silbe mit einem langen Vokal endet und die zweite mit einem Vokal beginnt:
E|he, U|hu, Schu-he, Ru-he, wei-hen, se-hen, zie-hen ...
Dieses h bleibt in allen anderen Wortformen erhalten:
Schuh, geruh-sam, Weih-nachten, sah, zieht ...

Nach den Diphthongen *au|äu* steht kein silbentrennendes *h: Schläu|e, rau|e ...*
Nach dem Diphthong *ei|ai* steht es in manchen Wörtern:
verzei-hen, aber: *prophezei-en, lei-hen,* aber: *schneien ...*
Nach *ie* steht in manchen Wörtern ein *h*: *zie-hen, wie-hern, flie-hen ...*

Das Dehnungs-h

Für die Schreibung von Wörtern mit Dehnungs-h gibt es nur Regeln, unter welchen Bedingungen es überhaupt stehen kann – und unter welchen es niemals steht:
Dehnungs-h nur vor *l, m, n, r:*
Nur vor diesen Buchstaben kann ein Dehnungs-h stehen:
fühlen, Rahmen, mahnen, fahren. Das alte Wort *Fehde* bildet eine Ausnahme.
Das Dehnungs-h bleibt in allen Wortformen erhalten: *fahren, Fuhre, gefährlich.*

Beginnt die betonte Silbe jedoch mit einem komplexen Anfangsrand oder folgenden Buchstaben(kombinationen), steht auch vor *l, m, n, r* kein Dehnungs-h:
sch: Schule, Schar, Schale, schämen, schwer, schwül ...
t: *Tor, Tür, Tal, tun, Tran, Ton ...*
gr: *grün, grölen, sich grämen, Gram ...*
kr: *Krone, Kran, kramen ...*
qu: *quer, Qual, quälen ...*
sp: *spüren, sparen, Spule, Späne ...*

Silbengelenk und Doppelkonsonanz

Ein Wort wie *[gafen]* – *gäffen* besteht aus zwei Silben. Die erste betonte Silbe mit kurzem, ungespanntem Vokal endet auf *f*; die zweite unbetonte Silbe beginnt mit demselben *f* (das wir aber nur einmal sprechen). Die Schnittstelle zwischen der ersten mit *f* geschlossenen und der zweiten mit *f* beginnenden Silbe nennt man **Silbengelenk.** Dieses Silbengelenk wird beim Schreiben durch Verdoppelung des Buchstabens (Doppelkonsonanz) gekennzeichnet. In allen anderen Wortformen bleibt die Konsonantenverdoppelung erhalten:
schaffen, geschafft, Schaffner ...
Ist jedoch der Vokal in einer der verwandten Wortformen lang (gespannt), so entfällt die Doppelkonsonanz: *schaffen – schuf, treffen – traf ...*

Doppelkonsonanz gibt es bei *b: sabbern, d: Kladde, f: Treffen, g: Roggen, l: Rolle, m: Klammer, n: Kanne, p: Puppe, r: irren, s: Tasse, t: Latte.*
Das Silbengelenk bei den Konsonanten *[k]* und *[ts]* wird als *ck* bzw. *tz* realisiert, wobei die Trennungsregeln unterschiedlich sind:
Ba-cke, Rü-cken – Klöt-ze, Wit-ze.

Umlaute

Die Umlautschreibung ist nach dem morphologischen Prinzip geregelt, nach dem man die Vokale *a, au, o, u* durch ihre ähnliche äußere Form mit *ä, äu, ö, ü* kennzeichnet. Dieses Prinzip dient beim Lesen dazu, verwandte Wörter durch Ähnlichkeitsschreibung leichter zu erkennen:
Land – Länder, Gelände; außen – äußerlich, äußern; Schnur – schnüren ...
Bei einigen Wörtern besteht Doppelschreibung, je nachdem, wovon man sie ableitet:
Aufwand – aufwändig, aufwenden – aufwendig.

Auslaute

Auch die Auslautschreibung der stimmlosen Konsonanten *[p], [t], [k]* in vielen Wörtern, die in Langformen als *[b], [d], [g]* gesprochen werden, gehorcht dem morphologischen Prinzip:
[gra:p] – Grab, weil *[gra:ben] – graben;*
[ba:t] – Bad, weil *(ba:den] – baden;*
[ta:k] – Tag, weil *[ta:ge] – Tage.*

Schreibung der s-Laute

Für das stimmhafte s *[z]* besitzen wir den geschriebenen Konsonantenbuchstaben *s*:
so, silbern, Wiesen ...
Für das stimmlose s *[s]* besitzen wir die Konsonantenbuchstaben *s* und *ß*, wobei *s* im Silbengelenk verdoppelt wird:
Gras, fraß, müssen ...

Stimmhaftes *[z]* am Wortanfang und nach offener Silbe wird stets als *s* geschrieben: *sagen, ra-sen* (eine Ausnahme bilden nur Fremdwörter);
stimmloses *[s]* nach offener Silbe (nach Langvokal) wird stets als *ß* geschrieben: *grü-ßen;*
stimmloses *[s]* im Silbengelenk (nach Kurzvokal) wird stets *ss* geschrieben: *fas-sen.*
In allen Fällen werden verwandte Wortformen nach diesen Grundregeln geschrieben:
rasen – rast, grüßen – grüßt, fassen – fasst.

Bei Wechselformen ist das Prinzip der Phonem-Graphem-Korrespondenz und nicht das morphologische Prinzip bestimmend:
essen, aber: *aßen.*

Die unbetonten Fremdwortendungen *us/nis* werden nur mit einem *s* geschrieben werden, obwohl sie im Plural *ss* haben:
Krokus – Krokusse, Hindernis – Hindernisse.

Getrennt- und Zusammenschreibung

Während in der gesprochenen Sprache die Wortformen in einem Text vielfach miteinander verbunden auftreten, werden sie in der geschriebenen Sprache voneinander getrennt: */wi:rsintrádgefa:ren/ – wir sind Rad gefahren.*
Wenn nun bestimmte Wortformen regelmäßig gemeinsam vorkommen, dann können sie allmählich zusammenwachsen. Da zu einer bestimmten Zeit noch nicht immer klar ist, ob zwei Wörter noch als einzelne oder bereits als zusammengewachsene Wörter zu bewerten sind, erlauben die Regeln manchmal zwei Schreibweisen:
so dass – sodass, so genannte – sogenannte, zu Gunsten – zugunsten ...

Getrennt- und Zusammenschreibung mit Nomen

1 Komposita aus mehreren Nomen bzw. Nomen mit nominalisierten Verben und Adjektiven werden zusammengeschrieben.	**1** *Frauenfußballweltmeister, das Radfahren, das Himmelblau ...*
2 Ein **verblasstes** Nomen mit einer vorausgehenden **Präposition** schreibt man **zusammen**, in anderen Fällen schreibt man **getrennt**.	**2** *dir zuliebe, inmitten, anstatt ...* aber: *anstelle / an Stelle, zugrunde / zu Grunde ... zu Fuß, zu Ende, von Sinnen ...*
3 Zusammensetzungen mit einem Nomen als **erstem** Wortteil sind oft Verkürzungen von Wortgruppen, bei denen ein Artikel oder eine Präposition eingespart wird.	**3** *ein sagenumwobenes Land (von Sagen umwoben), meterhoher Schnee (einen Meter hoch), eine mondbeschienene Lichtung (vom Mond beschienen) ...*

Getrennt- und Zusammenschreibung mit Verben

1 Verben können mit Präpositionen, Adverbien, Adjektiven oder verblassten Nomen Einheiten bilden, die **zusammengeschrieben** werden.	**1** *auffallen – das fällt auf, hinfallen – er fällt hin, schwarzarbeiten – er arbeitet schwarz, teilnehmen – sie nimmt daran teil ...*
2 Oftmals entscheiden Betonungen darüber, ob **getrennt** oder **zusammengeschrieben** wird. Bei Zusammenschreibungen ist das vorausgehende Wort meist stärker betont als das Verb.	**2** *Der Richter hat ihn freigesprochen. – Sie hat in ihrem Referat frei gesprochen. Die beiden sind aufeinandergeprallt. – Sie sind aufeinander zugegangen.*
3 Verbindungen mit *sein* schreibt man **getrennt**.	**3** *Wir wollen gern dabei sein.*
4 Ist der erste Bestandteil ein **Nomen**, schreibt man in der Regel **getrennt**. Die **nominalisierte** Form schreibt man **zusammen**.	**4** *Rad fahren, Schlange stehen, Kuchen backen.* Aber: *eislaufen, kopfstehen, teilhaben ... Beim Radfahren, beim Kuchenbacken ...*
5 Ist der erste Bestandteil ein **Verb**, schreibt man in der Regel **getrennt**. Bei **übertragener** Bedeutung mit den Verben *bleiben/lassen* darf **zusammengeschrieben** werden.	**5** *spazieren gehen, schreiben lernen ...* aber: *kennenlernen / kennen lernen. Sie ist sitzengeblieben / sitzen geblieben. Er hat etwas liegenlassen / liegen lassen.*
6 Ist der erste Bestandteil ein **Adjektiv**, kann **getrennt** oder **zusammengeschrieben** werden. Gehen Adjektiv und Verb eine **neue Bedeutung** ein, schreibt man **zusammen**. Kann dies nicht klar entschieden werden, schreibt man **getrennt** oder **zusammen**.	**6** *kleinschneiden / klein schneiden ...* Aber: *kleiner schneiden, ganz klein schneiden. den Verkehr lahmlegen, etwas satthaben, jemanden freihalten (für ihn bezahlen). Eine Arbeit fertigstellen / fertig stellen.*

Die Wortarten

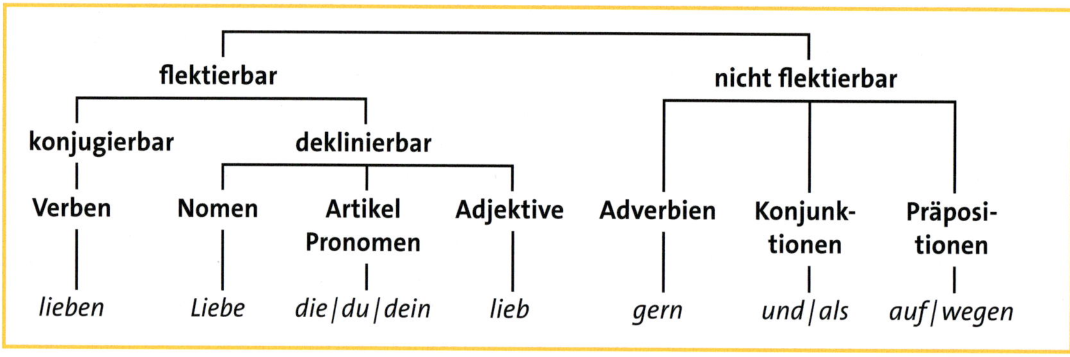

Überblick über die Wortarten

Flexion: Übergeordneter Begriff über Deklination und Konjugation. Wichtigstes Kennzeichen flektierbarer Wörter: Veränderungen am Wortkörper durch Flexionsendungen, z. B. Plural: *ich liebe – ihr lieb|t; der Freund – die Freund|e.*

Konjugation: Veränderungen am Wortkörper durch Konjugationsendungen, z. B. Tempus/Modus: *er liebt – er liebt|e, sie kommt – sie komm|e.*

Deklination: Veränderungen am Wortkörper durch Deklinationsendungen, z. B. die Kasus (Fälle): *der Freund – des Freund|es; der Nachbar – dem Nachbar|n.*

Anmerkungen:

Die **Numerale** werden den anderen Wortarten zugewiesen.
Verben: *achteln, dritteln;*
Adjektive: *der dritte Mann, die sieben Raben;*
Nomen: *ein Achtel, eine Zwei schreiben;*
Adverbien: *erstens, zweitens.*

Die **Interjektionen** *(oh! ah!)* stellen keine eigene formal bestimmbare Wortart dar. Sie zählen zu den gestisch-mimischen Ausdrücken der Sprache.

Die **Modalpartikeln** (die Rede begleitende Bestätigungswörter wie *eben, wohl, denn* ...) stammen von Wörtern anderer Wortarten her. Sie haben als Adjektive, Adverbien oder Konjunktionen eine andere Bedeutung als als Modalpartikeln: Adjektiv: *ein ebener (gerader) Weg;* Adverb: *er kommt eben (gerade), er kommt wohl (vielleicht);* Konjunktion: *Er konnte nicht kommen, denn er war krank;* Modalpartikeln: *das ist eben so, du hast wohl geschlafen, was machst du denn?*

Das Verb

Es ist schon erstaunlich, was sich unser Gehirn an sprachlichen Formen merken kann!
Von vielen Verben können wir weit über hundert verschiedene Formen bilden. Sie gehören alle zu unserem grammatischen Könnensbestand, auch wenn wir nicht immer genau wissen, wie sie grammatisch benannt werden: 6 Personalformen mal 6 Zeitformen – das ergibt schon einmal 36. Und von vielen Verben auch noch 36 Formen im *werden*-Passiv und einige im *sein*-Passiv. Die beiden Konjunktive mal 6 Personalformen: noch einmal 36. Und diese womöglich auch noch im Passiv: da kommen wir noch einmal auf 72. Dann noch die paar Kleinigkeiten des Imperativs, Indikativs und Partizips I. Manche Formen sind miteinander identisch, und manche kommen im Sprachgebrauch nicht vor (wie *ich bin gegessen).*
Doch es gibt von einem unregelmäßigen Verb wie *essen* über 130 verschiedene Konjugationsformen. Selbst wenn wir sie alle aufzählen würden, hätten wir hier nicht den Platz dazu!
Von *ich esse, du isst, er isst, wir aßen, wir haben* und *hatten gegessen, wir werden essen* und *gegessen haben,* grammatisch immerhin möglich auch: *ich werde gegessen,* und dann wieder durchaus üblich: *ich äße, ich hätte gegessen, ich würde essen* bis hin zu *das wird bald alles gegessen sein ...*
In diese Formenfülle wollen wir hier etwas Licht und Ordnung bringen.

Das Verb kann die vielfältigsten Flexionsformen aller Wortarten bilden. Die Veränderungen der Verben an ihrem Wortkörper (Flexion) nennt man **Konjugation**. Verben können konjugiert werden im Hinblick auf die folgenden **fünf Konjugationsformen**:

Überblick über die Formen des Verbs

Infinite Verbformen:

Infinitiv:	*trag/en*
Partizip I:	*trag/end*
Partizip II:	*ge/trag/en*

Finite Verbformen (Konjugationsformen):

Personalform: 1., 2., 3. Person	*ich trag/e, du träg/st, er träg/t ...*
Numerus (Anzahlform): Singular, Plural	*ich trag/e, wir trag/en ...*
Tempus (Zeitform): Präsens, Präteritum ...	*ich trag/e, ich trug ...*
Genus Verbi (Handlungsrichtung): Aktiv, Passiv	*ich trag/e, ich werd/e getragen ...*
Modus: Indikativ, Imperativ, Konjunktiv I, Konjunktiv II	*er träg/t, trag/e!, er trag/e, er trüg/e*

Verbformen in einem Text

Ein Mann wird von seiner Frau im Zoo gefragt:	3. Person Singular	Indikativ	Präsens	Passiv
„Schau doch mal!	2. Person Singular	Imperativ		
Was würden diese Tiger wohl sagen,	3. Person Plural	Konjunktiv II	Futur I	Aktiv
wenn sie sprechen könnten?“	3. Person Plural	Konjunktiv II	Präteritum	Aktiv
Da sei er sehr unsicher,	3. Person Singular	Konjunktiv I	Präsens	Aktiv
sagt der Mann.	3. Person Singular	Indikativ	Präsens	Aktiv
Die beiden werden von einem Dritten unterbrochen:	3. Person Plural	Indikativ	Präsens	Passiv
„Sie würden wohl sagen:	3. Person Plural	Konjunktiv II	Futur I	Aktiv
Liebe Frau! Wir sind Leoparden!“	1. Person Plural	Indikativ	Präsens	Aktiv

Bedeutung der Verben

Die Verben lassen sich in grober Unterscheidung drei Bedeutungsgruppen zuordnen:

1. Handlungsverben:
spielen, lachen, fällen (als Handlung: *fällte, gefällt), hängen* (als Handlung: *hängte, gehängt), legen* (als Handlung: *legte, gelegt), erschrecken* (als Handlung: *erschreckte, habe erschreckt)*

2. Vorgangsverben:
wachsen, schlafen, fallen (als Vorgang: *fiel, gefallen), erschrecken* (als Vorgang: *erschrak, bin erschrocken)*

3. Zustandsverben:
stehen, wohnen, hängen (als Zustand: *hing, gehangen), liegen* (als Zustand: *lag, gelegen)*

Intransitive, transitive Verben

Die finite Form des Verbs verlangt nach einer Zusatzbestimmung; sie besitzt eine **Valenz** (Wertigkeit). Schon an ihrem Wortkörper wird deutlich, dass sie in engster Verbindung zu einem Subjekt steht: *Er komm|t. Sie komm|en.*

1. Intransitive Verben sind solche, die ausschließlich in Beziehung stehen zu einem Subjekt und kein Objekt darüber hinaus fordern. Solche Verben sind zum Beispiel:
er erschrickt (erschrak), es hängt (hing), sie lacht, sie liegt, sie schläft ...

2. Transitive Verben fordern darüber hinaus ein bzw. zwei Objekte:
er erschreckt (erschreckte) jemanden, sie hängt (hängte) die Wäsche auf, sie hilft ihm, sie unterstützt ihn, er gibt ihr den Brief, sie wartet auf ihn ...

Reflexive Verben

Reflexive Verben sind solche, die mit einem Reflexivpronomen verwendet werden:

- bei **echten reflexiven** Verben ist das Pronomen kein Objekt:
  ich schäme mich, ich irre mich, ich kenne mich aus, ich beeile mich, ich verliebe mich ...
- bei **reflexiv gebrauchten** Verben ist das Pronomen Objekt:
  ich kämme mich | jemanden, ich ärgere mich | jemanden ...

Hilfsverben und Modalverben

Hilfsverben sind: *haben, sein, werden.* Sie dienen vor allem zur Bildung der **Zeitformen** Perfekt, Plusquamperfekt, Futur I und Futur II, ebenso zur Bildung des Passivs (siehe dort). Es gibt Verben, die diese Formen mit *haben* bilden, und andere, die sie mit *sein* bilden.

Perfekt:	*sie ist gekommen*	*sie hat alles erledigt*
Plusquamperfekt:	*sie war gekommen*	*sie hatte alles erledigt*
Futur I:	*sie wird kommen*	*sie wird alles erledigen*
Futur II:	*sie wird gekommen sein*	*sie wird alles erledigt haben*

Die Verben *haben, sein, werden* können auch als **Vollverben** und **Funktionsverben** (ohne Bezug zu anderen Verben) verwendet werden:
Vollverben: *Die Schüler sind in der Pause. Sie haben Durst.*
Funktionsverben: *Sie sind in Bewegung. Die Lehrer haben alles unter Kontrolle.*

Modalverben sind: *dürfen, können, mögen, müssen, sollen, wollen.* Der Sprecher **modifiziert** mit ihnen die Inhalte der Verben, zu denen sie in Beziehung stehen:
Ich darf das essen. Ich kann das nicht essen. Ich mag (möchte) das nicht essen. Ich muss das essen. Ich soll das essen. Ich will das nicht essen.

Die Modalitäten, die Modalverben ausdrücken, lassen sich grob wie folgt differenzieren:
Notwendigkeit: *müssen, sollen;* **Möglichkeit**: *können, dürfen;* **Erlaubnis**: *dürfen;* **Verbot**: *nicht sollen, nicht dürfen;* **Fähigkeit**: *können;* **Wunsch**: *mögen (möchte);* **Absicht**: *wollen.*

Wie auch die Hilfsverben lassen sich Modalverben als **Vollverben** verwenden:
Ich darf das nicht. Ich kann das nicht. Ich möchte das nicht. ...
In diesen Fällen unterscheiden sie sich in den **Zeitformen** von den anderen (siehe dort):
Ich habe das nicht essen können. – Ich habe das nicht gekonnt.

Immer mehr Verben!

Die große Gruppe der Verben wird durch **Wortbildung** ständig erweitert:

1. durch **Präfixe, die links an den Wortstamm angefügt werden**:
   schreiben → abschreiben, anschreiben, ausschreiben, verschreiben, zuschreiben ...
2. durch **Ableitungen von Wörtern aus anderen Wortarten**:
   Fisch → fischen, rot → röten, top → toppen, miau → miauen, ja → bejahen ...
3. durch **Ableitung von Namen**:
   Riester → riestern, Weck → einwecken, Röntgen → röntgen, Google → googeln ...
4. durch **Zusammensetzungen**:
   dazuverdienen, übereinstimmen, kleinschneiden, totschlagen, fertigstellen ...
5. durch **Eingliederung von Fremdwörtern**:
   faxen, mailen, simsen, touren, chatten, killen, andocken, piercen ...

Verbalstil

Im Gegensatz zum Nominalstil (vergleiche Seite 42) ist der **Verbalstil** von Satzgefügen bestimmt, deren Nebensätze jeweils ein Verb besitzen. Er ist der bevorzugte Stil erzählender Texte.

Anekdote

Heinrich von Kleist

Bach, als seine Frau starb, sollte zum Begräbnis Anstalten machen. Der arme Mann war aber gewohnt, alles durch seine Frau besorgen zu lassen; dergestalt, dass da ein alter Bedienter kam, und ihm für Trauerflor, den er einkaufen wollte, Geld abforderte, er unter stillen Tränen, den Kopf auf einen Tisch gestützt, antwortete: „Sagt's meiner Frau."

(aus: Heinrich von Kleist: Sämtliche Werke. München: Winkler o. J., S. 923)

Kommentar:
Zwei Satzgefüge. Das erste besteht aus Hauptsatz mit eingeschobenem Nebensatz, das zweite aus einem komplizierten Satzgefüge. Das ungewöhnliche *dergestalt, dass da* ... würden wir heute übersetzen mit *sodass, da ein alter Bedienter kam, ... er antwortete* ... Zur Formulierung der insgesamt sieben Nebensätze zu den drei Hauptsätzen des Textes (einschließlich der wörtlichen Rede) benötigt Kleist neun Prädikate, bestehend aus insgesamt 14 Hilfsverben und Verben, einschließlich der partizipialen Fügung mit *gestützt*, – bei nur 13 Nomen. Reinster Verbalstil also! Wobei der am journalistischen Stil geschulte Kleist noch dazu eine nominale Wendung benutzt, die er wohl aus der Zeitungssprache entlehnt hat: das Funktionsverbgefüge *zum Begräbnis Anstalten machen*, statt *das Begräbnis vorbereiten*. Wie diese Anekdote im Nominalstil aussähe, zeigt eine Parodie unter ***Nomen*** (Seite 42).

Tempora (Zeitformen)

Zeit und Zeitform sind zwei verschiedene Dinge. Die Zeitform (das Tempus, Plural: Tempora) ist an der Form des Verbs ablesbar: *holt – holte, geht – ging*. Wir können keinen vollständigen Satz bilden, ohne dabei ein Verb und damit also eine Zeitform zu verwenden. Doch in welchem Verhältnis Zeit*formen* zur *Zeit* selbst stehen, wird das folgende Kapitel zeigen.

Überblick

	mit Hilfsverb *haben* gebildet:	**mit Hilfsverb *sein* gebildet:**
Präsens	wir siegen	wir steigen auf
Perfekt	wir haben gesiegt	wir sind aufgestiegen
Präteritum	wir siegten	wir stiegen auf
Plusquamperfekt	wir hatten gesiegt	wir waren aufgestiegen
Futur I	wir werden siegen	wir werden aufsteigen
Futur II	wir werden gesiegt haben	wir werden aufgestiegen sein

Der Gebrauch der Tempora in einem Text

Ich ärgere mich darüber,	Präsens
was uns gestern passiert ist.	Perfekt
Wir verpassten nämlich den Aufstieg.	Präteritum
Wir hatten einfach zu schlecht gespielt.	Plusquamperfekt
Das nächste Mal werden wir wieder gewinnen.	Futur I
Bald werden wir unsere Niederlage vergessen haben.	Futur II

Die Funktionen der Tempora

Mit Funktionen ist hier gemeint: was eine Zeitform ausdrücken kann. Die zeitlichen Funktionen der Tempora sind bestimmt durch das Verhältnis von Sprechzeit zu Ereigniszeit.
Sprechzeit ist die Zeit, in der von einem Sprecher oder Schreiber etwas ausgesagt wird.
Ereigniszeit ist die Zeit, in der das stattfindet oder stattgefunden hat, worüber gesprochen wird.
Der Sprecher kann in seiner Sprechzeit auf ein gegenwärtiges, ein zukünftiges oder auf ein vergangenes Ereignis hinweisen. Das tut er in der Regel außer mit Zeitformen auch mit anderen (oftmals adverbialen) zeitlichen Ausdrücken: *heute, gestern, jetzt, damals, immer, als, nachdem, bevor ...*

Präsens

Das **Präsens** hat die vielfältigsten Funktionen aller Tempora.

- Es kann hinweisen auf etwas **Gültiges** ohne Zeitbezug:
  Wale sind Säugetiere. Lügen haben kurze Beine.

- Es kann hinweisen auf die Nähe zur **Gegenwart.** Der Sprecher spricht während des Ereignisses selbst:
  Jetzt, da ich schreibe, regnet es gerade.

- Es kann (insbesondere im Zusammenhang mit Zeitadverbien) auf etwas hinweisen, das in der **Zukunft** geschieht. Der Sprecher spricht vor dem Ereignis:
  Morgen gibt es Regen. Oft ersetzbar durch Futur I: *Morgen wird es Regen geben.*

- Es kann innerhalb von Texten im Präteritum hinweisen auf etwas **Vergangenes**. Der Sprecher spricht dann nach dem Ereignis. Dieses **szenische Präsens** hat die Funktion, ein Ereignis wie mit einem Kamerazoom nahe an den Leser heranzurücken:
  Als ich gestern durch die Stadt ging, da läuft mir doch meine alte Freundin über den Weg.

- Es können aber auch mit Hilfe von Zeitangaben ganze Texte im **Präsens** stehen, die von **Vergangenem** erzählen. Der Sprecher spricht nach dem Ereignis. Die Ereignisse werden dabei in Gegenwartsnähe gerückt:
  Wir befinden uns im Januar 1944 auf einem Gefangenentransport. In den Wagen herrscht Schwüle ...

Perfekt

Das **Perfekt** ist die verbreitetste Form, in der wir mündlich über Vergangenes reden. Es hat eine Nähe zum Sprecher in der Ich-Form und eine geringere Distanz zu einem Ereignis als das Präteritum. Es wird mit den Hilfsverben *sein* oder *haben* gebildet.

- Es kann hinweisen auf etwas **Gültiges** ohne Zeitbezug:
  Ein Unglück ist schnell geschehen.
- Es kann hinweisen auf etwas **Vergangenes**. Der Sprecher spricht über ein vergangenes Ereignis:
  Es hat die ganze Nacht geregnet. Oft ersetzbar durch Präteritum: *Es regnete die ganze Nacht.*
- Es kann hinweisen auf etwas **Vergangenes**, das in die Sprechergegenwart hineinwirkt:
  Seht mal: Es hat geregnet!
- Es kann hinweisen auf einen Vorgang, der **abgeschlossen** ist:
  Ich habe die verlorene Armbanduhr wieder gefunden.
- Es kann hinweisen auf ein Ereignis, das in der Zukunft abgeschlossen ist. Der Sprecher spricht dann über ein zukünftiges Ereignis:
  Morgen habe ich alles erledigt. Ersetzbar durch Futur II: *Morgen werde ich alles erledigt haben.*

Präteritum

Das **Präteritum** baut (anders als das Perfekt) Distanz zwischen Sprechzeit und Ereigniszeit auf. Es ist diejenige Form, in der wir in schriftlichen Texten über zurückliegende Ereignisse schreiben.

- Es weist vor allem auf **Vergangenes** hin. Der Schreiber verweist dann auf ein vergangenes Ereignis:
  An einem Abend im April spielten zwei Männer gegeneinander Schach.
  Oft ersetzbar durch Perfekt:
  An einem Abend im April haben zwei Männer gegeneinander Schach gespielt.

Plusquamperfekt

Das **Plusquamperfekt** spielt seine wesentlichste Rolle in Vorzeitigkeits- und Nachzeitigkeitsbezügen.

- Es weist vor allem hin auf Ereignisse, die vor anderen Ereignissen der Vergangenheit liegen. Es markiert damit das Verhältnis von **Vorzeitigkeit** und **Nachzeitigkeit**:
  Nachdem er eingestiegen war, fuhr der Zug ab.

Futur I

Das **Futur I** ist ein selten verwendetes Tempus. Es kann auf ein zukünftiges Ereignis verweisen. Es verweist aber (viel häufiger) auf etwas, das erwartet wird.

- Es kann hinweisen auf ein Ereignis in der **Zukunft**. Der Sprecher spricht vor dem Ereignis:
  Morgen werde ich zum Arzt gehen. Zumeist ersetzt durch Präsens: *Morgen gehe ich zum Arzt.*

- Es kann vor allem hinweisen auf Ereignisse, die erhofft oder befürchtet werden. Es hat dann eine **modale Funktion**. Die Ereigniszeit kann dann innerhalb der Sprechzeit liegen:
  Sie läutet an der Tür und sagt: Sie werden doch wohl zu Hause sein?

Futur II

Das **Futur II** ist ein Tempus, das wegen seiner dreigliedrigen Verbform noch seltener als das Futur I verwendet wird.

- Es kann hinweisen auf ein Ereignis, das in der **Zukunft abgeschlossen** ist. Der Sprecher spricht dann vor dem Ereignis:
  Morgen werde ich alles erledigt haben. Ersetzbar durch Perfekt: *Morgen habe ich alles erledigt.*

- Es kann hinweisen auf etwas Abgeschlossenes, das über die **Vergangenheit** vermutet wird (modale Funktion). Die Ereigniszeit liegt dann vor der Sprechzeit und reicht gedanklich in sie hinein:
  Er wird doch eben nicht bei Rot über die Ampel gefahren sein?
  Ersetzbar durch Perfekt: *Er ist doch (wohl) eben nicht bei Rot über die Ampel gefahren?*

Hilfsverben und ihre Zeitformen

Als Hilfsverben werden Verben bezeichnet, die bei der Bildung der zusammengesetzten Zeitformen helfen:
– *sie hat geholfen, er wird gehen, sie ist gekommen.*
Für die Bildung der Zeitformen stehen uns drei Hilfsverben zur Verfügung: *haben, sein, werden.*
Die Hilfsverben können jedoch auch als Vollverben verwendet werden. Dann stehen sie nicht im Zusammenhang mit anderen Vollverben:
– *er hat Hunger, sie wird Goldschmiedin, er ist glücklich.*

	haben	**sein**	**werden**
Präsens	wir haben Hunger	wir sind hungrig	wir werden satt
Perfekt	wir haben Hunger gehabt	wir sind hungrig gewesen	wir sind satt geworden
Präteritum	wir hatten Hunger	wir waren hungrig	wir wurden satt
Plusquamperfekt	wir hatten Hunger gehabt	wir waren hungrig gewesen	wir waren satt geworden
Futur I	wir werden Hunger haben	wir werden hungrig sein	wir werden satt werden
Futur II	wir werden Hunger gehabt haben	wir werden hungrig gewesen sein	wir werden satt geworden sein

Einfache und zusammengesetzte Zeitformen

Einfache Zeitformen bestehen ausschließlich aus einer einzigen Form des Verbs. Im Deutschen gibt es nur zwei dieser einfachen Zeitformen: das **Präsens:** *er siegt, er fliegt* und das **Präteritum:** *er siegte, er flog.*

Zusammengesetzte Zeitformen werden aus den Hilfsverben *sein, haben* und *werden* mit Verbformen gebildet:
– das **Perfekt** und **Plusquamperfekt** als zweiteilige Formen mit den Hilfsverben *haben* bzw. *sein* und dem Partizip II: *hat gesiegt – hatte gesiegt, ist geflogen – war geflogen;*
– das **Futur I** als zweiteilige Form mit dem Hilfsverb *werden* und dem Infinitiv: *wird siegen, wird fliegen;*
– das **Futur II** als dreiteilige Form mit dem Hilfsverb *werden,* den Hilfsverben *haben* bzw. *sein* sowie dem Partizip II: *sie werden gesiegt haben, sie werden geflogen sein.*

Basistempora in Texten

Das **Basistempus** ist die in einem Text überwiegend verwendete Zeitform. In Erzähltexten ist es in der Regel das Präteritum, in Beschreibungstexten in der Regel das Präsens. Neben dem Basistempus werden aber aus unterschiedlichen Gründen in nahezu jedem Text auch Nebentempora verwendet.

Basistempus Präteritum in einem Erzähltext:

Gestern **spielten** wir gegen unseren schärfsten Gegner. Wir **schossen** auch das erste Tor. Doch plötzlich setzt *(szenisches Präsens für die Nähe zum Leser)* uns der Meier nacheinander zwei Bälle ins Netz. Danach **lief** unser Spiel nicht mehr so richtig. Wir hatten uns aufgegeben *(Plusquamperfekt der Vorzeitigkeit)*. Wir **fanden** einfach den Rhythmus nicht mehr. Am Ende **verloren** wir mit 2:1. Das hat uns mächtig geärgert *(Perfekt der Abgeschlossenheit und des Bezugs zur Erzählgegenwart)*.

Basistempus Präsens in einem Beschreibungstext:

Fortuna **befindet** sich zurzeit in einem desolaten Zustand. Die Mannschaft **findet** einfach nicht zu jenen Zeiten zurück, in denen sie hin und wieder auswärts gewonnen hat *(Perfekt der Vorzeitigkeit)*. Dass drei ihrer Stammspieler auf der Krankenliste **stehen, mag** ein Grund dafür sein. Hinzu **kommt**, dass zwei ihrer Spieler, weil sie die rote Karte erhalten haben *(Perfekt der Vorzeitigkeit)*, für die nächsten Spiele ausfallen werden *(Futur I für Zukunftsbezug)*. Das alles **lässt** allmählich daran zweifeln, ob Fortuna im nächsten Jahr aufsteigen wird *(Futur I für Zukunftsbezug)*.

Modalverben und ihre Zeitformen

Als **Modalverben** werden Verben bezeichnet, die einen Vorgang modifizieren (mit einer zusätzlichen Bedeutung versehen): *sie möchte helfen, sie will helfen, sie soll helfen ...*
Im Deutschen gibt es sechs Modalverben: *mögen, wollen, sollen, müssen, können, dürfen.*
Die Modalverben können aber auch als Vollverben verwendet werden. Dann stehen sie nicht in Zusammenhang mit anderen Verben: *ich möchte das nicht, ich will das aber, ich soll das nicht ...*

Perfekt mit Modalverben:

Ich habe das nicht *tun wollen*.	Ich habe das nicht *tun mögen*.	Ich habe das nicht *tun sollen*.
Ich habe das nicht *tun* dürfen.	Ich habe das tun *müssen*.	Ich habe das nicht *tun können*.

Perfekt mit Vollverben:

Ich habe das nicht *gewollt*.	Ich habe das nicht *gemocht*.	Ich habe das nicht *gesollt*.
Ich habe das nicht *gedurft*.	Ich habe das nicht *gemusst*.	Ich habe das nicht *gekonnt*.

Regelmäßige und unregelmäßige Verben

Regelmäßige Verben (schwache Verben) werden durch **äußere** Flexion (durch Anfügen von Flexionsteilen wie *-st, -t, -en)* auf regelmäßige Weise gebildet, wobei der Verbstamm unverändert bleibt: *holen: du hol|st, er hol|t, wir hol|en.*
Das Präteritum wird mit der Flexionsendung *-t(e)* gebildet: *hol|t|e, hol|te|st.*
Das Partizip II wird mit dem Präfix *ge-* und der Flexionsendung *-t* gebildet: *ge|hol|t.*

Unregelmäßige Verben (starke Verben) werden durch **innere** Flexion (Umlaute im Stamm) in sogenannten „Ablautreihen" (wie *ie – o – o; ei – i – i; i – a – u)* **und äußere** Flexion (durch Anfügen von Flexionsteilen) auf unregelmäßige Weise gebildet: *helfen – du hilf|st, sie hilf|t, wir helf|en, er half.* Das Partizip II wird in der Regel mit dem Präfix *ge-*, mit Umlaut sowie durch Anfügen der Flexionsendung *-en* gebildet: *ge|holf|en.*

Ablautreihen unregelmäßiger Verben

Infinitiv	Präteritum	Partizip II	Infinitiv	Präteritum	Partizip II
beißen	biss	gebissen	schweigen	schwieg	geschwiegen
schmeißen	schmiss	geschmissen	steigen	stieg	gestiegen
biegen	bog	gebogen	gelingen	gelang	gelungen
fliegen	flog	geflogen	singen	sang	gesungen
gleichen	glich	geglichen	bleiben	blieb	geblieben
weichen	wich	gewichen	schreiben	schrieb	geschrieben
greifen	griff	gegriffen	schreien	schrie	geschrien
pfeifen	pfiff	gepfiffen	leihen	lieh	geliehen
leiden	litt	gelitten	treiben	trieb	getrieben
schneiden	schnitt	geschnitten	reiben	rieb	gerieben
lügen	log	gelogen	riechen	roch	gerochen
betrügen	betrog	betrogen	kriechen	kroch	gekrochen
finden	fand	gefunden	trinken	trank	getrunken
schwinden	schwand	geschwunden	sinken	sank	gesunken

Beziehungen der Tempora zueinander (consecutio temporum)

Oft stehen die Ereignisse in einem Satz so zueinander, dass eines vor oder nach dem anderen stattfindet oder stattgefunden hat. Diese Zeitenfolge wird in Satzgefügen aus Haupt- und Nebensatz durch verschiedene Zeitformen deutlich gemacht. Dabei gelten bestimmte Konventionen, die man als „consecutio temporum" (Folge von Zeitformen) bezeichnet. Doch es gibt manchmal unterschiedliche Möglichkeiten, die Folgen zweier Ereignisse auszudrücken. Entscheidend ist, dass es zu keinen Missverständnissen oder gar Unsinnigkeiten kommt.

	vorher	**nachher**
Perfekt – Präsens:	Nachdem (wenn) ich mich geduscht habe, ...	trockne ich mich ab.
unsinnig (weil gleichzeitig):	Wenn ich mich dusche, ...	trockne ich mich ab.
Präsens – Perfekt:	Ich bin schon aufgestanden, ...	bevor (ehe) der Wecker klingelt.
auch möglich:	Ich stehe auf, ...	bevor der Wecker klingelt.
Plusquamperfekt – Präteritum:	Nachdem (als) ich mich geduscht hatte, ...	kämmte ich mich.
unsinnig (weil gleichzeitig):	Als ich mich duschte, ...	kämmte ich mich.
Präteritum – Plusquamperfekt:	Ich hatte mich geduscht, ...	bevor ich mich kämmte.
auch möglich:	Ich duschte mich, ...	bevor ich mich kämmte.

Das temporale Gefüge in einem Erzähltext

Verwechslung

Jonathan **stieg** aus dem Schulbus. Er hatte letzte Nacht von Laura geträumt 1). Und wie das so ist: Traumbilder bleiben 2) oft lange im Gedächtnis. Und so **war** es auch bei Jonathan. In bester Laune **ging** er auf den Schulhof zu. Und da **sah** er sie plötzlich oben auf der Treppe stehen. Laura! Sie **winkte**, sie **lächelte**, sie **kam** die Stufen herunter. Jonathan **breitete** seine Arme aus. Ich werde 3) sie auffangen, ich werde sie in meine Arme schließen! Doch da **geschah** es: Laura läuft 4) an ihm vorbei, ohne dass sie ihn beachtet. Jonathan steht fassungslos da. Sie wird sich doch wohl nicht geirrt haben 5)? Doch dann **wurde** ihm klar: Er **war** es, der sich geirrt hatte 1). Als er sich nämlich **umdrehte, sah** er, dass sie einem anderen in den Armen **lag**, der ziemlich dicht hinter ihm gestanden hatte 1). Jonathan **stand** noch immer mit ausgebreiteten Armen da. Beschämt **ließ** er sie herabsinken und **schlich** mit hängenden Schultern auf den Schulhof zu. So etwas ist ihm noch nie passiert 6)! Mit Laura ist 7) es jetzt wohl endgültig aus, – oder? Na, man wird sehen 8)!

Kommentar:
Das **Basistempus** dieses Erzähltextes ist wie üblich das Präteritum. Doch durch mancherlei andere Tempora erhält dieser Text erst sein zeitliches Relief. 1) Da sind die vorzeitigen Ereignisse, die selbstverständlich im Plusquamperfekt wiedergegeben werden müssen. 2) Überzeitliche Gültigkeit wird im Präsens formuliert. 3) Die in die Zukunft gerichtete Gedankenrede steht im Futur I. 4) Der aufregendste Augenblick wird durch das szenische Präsens herangezoomt. 5) Diese Gedankenrede steht im Futur II der Vermutung. 6) Das Perfekt signalisiert hier den abgeschlossenen Gedanken der erlebten Rede. 7) Das Präsens weist auf die Gedankenrede hin. 8) Das Futur I ist hier eine formelhafte, auf Zukunft gerichtete Wendung.

Genera Verbi (Handlungsrichtungen): Aktiv und Passiv

Die Richtung einer Handlung verläuft in Sätzen in der Regel von einem **Agens** (Täter, Ausgangspunkt oder Verursacher der Handlung) zu einem **Patiens** (einem von der Handlung Betroffenen oder einem Zielpunkt). Im **Aktiv** erscheint das **Agens** an **Subjektstelle** und das **Patiens** an **Objektstelle**:
Der Lehrer (Agens/Subjekt) *lobt* (Handlung) → *den Schüler* (Patiens/Objekt).

Diese Richtung kann auch umgekehrt werden. Im **Passiv** erscheint das **Patiens** an **Subjektstelle** und das **Agens** an der Stelle einer **Präpositionalfügung** mit ***von:***
Der Schüler (Subjekt/Patiens) ← *wird vom Lehrer* (Präpositionalfügung/Agens) *gelobt.*

Die Präpositionalfügung ist weglassbar – und sie erscheint auch meistens nicht:
Der Schüler wird (...) gelobt.

Gebildet wird das Passiv mit einer Form des Hilfsverbs ***werden*** und dem **Partizip II**.

Überblick über die Passivformen in den Tempora

	Passiv	**Aktiv**
Präsens	die Aufgabe wird (von ihr) erledigt	sie erledigt die Aufgabe
Perfekt	die Aufgabe ist (...) erledigt worden	sie hat die Aufgabe erledigt
Präteritum	die Aufgabe wurde (...) erledigt	sie erledigte die Aufgabe
Plusquamperfekt	die Aufgabe war (...) erledigt worden	sie hatte die Aufgabe erledigt
Futur I	die Aufgabe wird (...) erledigt werden	sie wird die Aufgabe erledigen
Futur II	die Aufgabe wird (...) erledigt worden sein	sie wird die Aufgabe erledigt haben

Gebrauch des Passivs in Sätzen

In elf Autos in der Marktstraße sind gestern die Scheiben eingeschlagen worden.	Perfekt
Erst am nächsten Morgen wurde bemerkt,	Präteritum
dass vor allem Navigationsgeräte gestohlen worden waren.	Plusquamperfekt
Gesucht wird von der Polizei eine Bande,	Präsens
die für ähnliche Autoeinbrüche in der Stadt verantwortlich gemacht wird.	Präsens
„Hoffentlich werden die Täter bald hinter Schloss und Riegel gebracht worden sein“,	Futur II
so ein Betroffener, „erst dann wird mein Wagen wieder an der Straße geparkt werden.“	Futur I

Umformungsregeln vom Aktiv ins Passiv

Passivfähig sind grundsätzlich Verben mit einem **Akkusativobjekt** (transitive Verben):
Der Staatsanwalt klagte ***den Autoknacker*** *an.*

- Das Akkusativobjekt des Aktivsatzes wird in das Subjekt des Passivsatzes umgeformt:
  den Autoknacker → der Autoknacker.
- Das Verb wird zu einer Form mit *werden* und Partizip II umgeformt:
  klagte an → wurde angeklagt.
- Das Subjekt das Aktivsatzes wird zur Präpositionalfügung des Passivsatzes umgeformt oder getilgt:
  der Staatsanwalt → (von dem Staatsanwalt).

Auf diese Weise wird aus dem Aktivsatz ein Passivsatz:

Subjekt	**Verb**	**Objekt**	
Der Staatsanwalt	*klagte*	*den Autoknacker*	*an.*

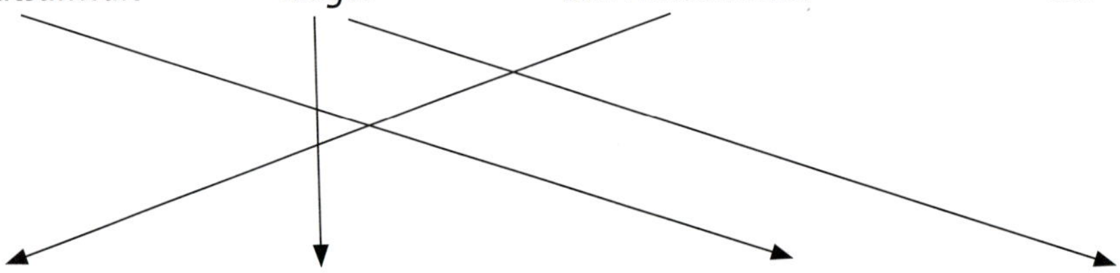

Der Autoknacker	*wurde*	*(von dem Staatsanwalt)*	*angeklagt.*
Subjekt	**Hilfsverb**	**(Präpositionalgefüge)**	**Partizip II**

Im Passivsatz bleiben Dativobjekt und präpositionales Objekt aus dem Aktivsatz unverändert erhalten und werden nicht zu Subjekten:

Die Schwester half dem Verletzten. → Dem Verletzten wurde (von der Schwester) geholfen.
Sie sorgte für ihn. → Für ihn wurde (von ihr) gesorgt.

Funktionen des Passivs

In Passivsätzen wird die Aufmerksamkeit vor allem auf denjenigen gerichtet, der von einer Handlung betroffen ist, bzw. auf die Handlung selbst. Der Verursacher der Handlung wird zumeist überhaupt nicht genannt oder steht in einer präpositionalen Fügung an einer unbetonten Stelle im Satz. Passivsätze wählt man daher zumeist dann,

– wenn der **Täter unbekannt** ist:
  Mehrere Autos wurden (von wem, weiß man nicht) *aufgebrochen.*
– wenn der **Verursacher** einer Handlung **verschwiegen** werden soll:
  Ein Mann von nebenan wurde (von einem, der nicht genannt sein möchte) *verdächtigt.*
– wenn die **Handlung** von größerer **Wichtigkeit** ist als ihr Verursacher:
  Es wurde (von wem auch immer) *mit Erleichterung aufgenommen,*
– wenn der **Verursacher** einer Handlung **selbstverständlich** ist:
  dass der Autoknacker (selbstverständlich von der Polizei) *festgenommen werden konnte.*

Weitere Formen des Passivs

Das *sein*-Passiv:

Das *sein*-Passiv unterscheidet sich vom weitaus häufigeren *werden*-Passiv dadurch, dass statt des Hilfsverbs *werden* das Hilfsverb *sein* verwendet wird. Während das *werden*-Passiv eine **Handlung** bezeichnet, signalisiert das *sein*-Passiv einen **Zustand**:

Aktiv:	*Jemand öffnet die Tür, öffnete die Tür, hat die Tür geöffnet;*
***werden*-Passiv**:	*Die Tür wird geöffnet, die Tür wurde geöffnet, die Tür ist geöffnet worden;*
***sein*-Passiv**:	*Die Tür ist geöffnet, die Tür war geöffnet, die Tür ist geöffnet gewesen.*

Das *bekommen*-Passiv:

Das *bekommen*-Passiv wird in der Regel dann verwendet, wenn in einem Aktivsatz neben einem Akkusativobjekt noch ein Dativobjekt vorkommt.

Aktiv:	*Er schenkte ihr einen Blumenstrauß.*
***werden*-Passiv:**	*Ihr wurde ein Blumenstrauß geschenkt.*
nicht:	*Sie wurde ein Blumenstrauß geschenkt!*
***bekommen*-Passiv:**	*Sie bekam einen Blumenstrauß geschenkt.*

Diese Art von Passiv kann auch mit den Verben *kriegen* und *erhalten* gebildet werden:
Aktiv: *Sie brummte ihm eine Strafe auf.* → **Passiv:** *Er kriegte eine Strafe aufgebrummt.*
Aktiv: *Er richtete ihr ein Zimmer ein.* → **Passiv:** *Sie erhielt ein Zimmer eingerichtet.*

Alternativen zum Passiv

Alternativen zum Passiv stellen Sätze dar, in denen der Verursacher einer Handlung, wie im echten Passiv, nicht genannt werden muss und die Handlung selbst besonders hervorgehoben wird. In allen diesen Konstruktionen (bis auf das *bekommen*-Passiv) steht das Ziel einer Handlung oder eines Vorgangs an Subjektstelle. Die häufigsten von ihnen sind neben Aktiv und echten Passivformen:

1. Aktiv:	*Sie verschließt die Tür nicht.*
2. *werden*-Passiv:	*Die Tür wird (von ihr) nicht verschlossen.*
3. *sein*-Passiv:	*Die Tür ist nicht verschlossen.*

Passiv-Alternativen:

4. Reflexivkonstruktionen:	*Die Tür verschließt sich nicht.*
5. Konstruktionen mit *ist zu:*	*Die Tür ist (von ihr) nicht zu verschließen.*
6. Konstruktionen mit *sich lassen:*	*Die Tür lässt sich (von ihr) nicht verschließen.*
7. Adjektive mit dem Suffix *-bar:*	*Die Tür ist nicht verschließbar.*
8. *bekommen / kriegen*-Passiv:	*Sie bekommt / kriegt die Tür nicht verschlossen.*

Aktiv, Passiv und Passiv-Alternativen in einem Zeitungstext

Die Ziffern im folgenden Text beziehen sich auf die obigen Kategorien 1–8.

Mathe-Aufgaben *lösen sich* 4) nicht von selbst!

Die Aufgaben des Mathe-Wettkampfs waren gar nicht so leicht zu lösen 5). Nur von 200 Sechstklässlern waren die 30 kniffligen Rechenaufgaben lösbar 7). Bei den Sachaufgaben ging 1) es vor allem um die richtigen Strategien, mit bloßem Rechnen ließ sich 6) da kaum etwas machen. 19 Schüler des Heine-Gymnasiums schnitten 1) so gut ab, dass sie mit Preisen ausgezeichnet wurden 2). Die Schüler bekamen ihre Preise am Samstag in der Aula ausgehändigt 8). Sie sind allesamt zufriedengestellt 3).

Modi (Aussagearten)

Modus weist auf die Art hin, wie eine Aussage gemeint ist: als Tatsachenbeschreibung, als Aufforderung, als Wunsch, Zweifel, Bitte oder als Wiedergabe von Aussagen anderer. Die Modi sind wie die Tempora u. a. an der Form des Verbs ablesbar: *lesen – lies! – läse – würde lesen.* In der deutschen Sprache gibt es drei Modi: den Indikativ, den Imperativ und die Konjunktive I und II.

Überblick über die Modi

	Indikativ	**Imperativ**	**Konjunktiv I**	**Konjunktiv II**
regelmäßig:	er träumt	träum(e)!	er träume	er träumte
	er hat geträumt		er habe geträumt	er hätte geträumt
unregelmäßig:	sie kommt	komm!	sie komme	sie käme
	sie ist gekommen		sie sei gekommen	sie wäre gekommen

Der Gebrauch der Modi in Sätzen

Man hatte ihr gesagt: „Lies doch wieder einmal ein Buch!“	Imperativ
Da liest sie tatsächlich einen Roman, den sie aus der Bibliothek hat.	Indikativ
Man hatte ihr gesagt, dieser Roman lese sich gut, sie habe etwas davon.	Konjunktiv I
Ach, sie läse gern öfter etwas Spannendes, wenn sie mehr Zeit hätte!	Konjunktiv II

Der Indikativ

Der Indikativ ist der neutrale Modus. Er ist der am häufigsten verwendete Modus in unserer Sprache und wird gebraucht, wenn man auf bestehende Tatsachen verweist und sich auf die wirkliche Welt bezieht:
Sie liest ein Buch. Sie findet es spannend. In dem Buch geht es um Eifersucht.

Der Imperativ

Der Imperativ ist eine Verbform, mit der Bitten, Befehle, Aufforderungen zum Ausdruck gebracht werden. Mit ihm richtet man sich an ein Du oder an ein Ihr:
Schließ bitte das Fenster! Gib mir doch das Buch zurück! Lasst euch nicht alles gefallen!

Aufforderungen können aber auch auf andere Weise (ohne den Imperativ) ausgedrückt werden: in Frageform, mit Modalverben, in einfachen Aussagesätzen im Indikativ:
Würdest du bitte das Fenster schließen? Du musst mir das Buch zurückgeben!

Die Formen des Imperativs

Die Formen des Imperativs werden bei den regelmäßigen Verben mit dem Präsensstamm gebildet, an den die Flexionsendung -e angefügt wird: *Acht|e darauf!*
Diese Flexionsendung kann jedoch bei vielen Verben weggelassen werden:
Sag(e) mir die Wahrheit!

Von einer Reihe von Verben gibt es eine unregelmäßige Imperativform mit *i*/*ie*. Diese Formen werden in der Umgangssprache nicht immer richtig gebildet. Man sagt dann *„Helfe mir doch!"* statt *„Hilf mir doch!"* Die unregelmäßigen Imperative der wichtigsten Verben sind:
brich, erschrick nicht, friss, gib, hilf, iss, lies, nimm, sieh, sprich, stiehl nicht, stirb, triff, tritt, vergiss es, wirf!

Konjunktiv I

In der deutschen Sprache gibt es die Möglichkeit, das, was andere gesprochen haben, mit einer besonderen Verbform von der eigenen Rede zu unterscheiden. Man kann die Worte eines anderen (direkt und mit Anführungszeichen versehen) zitieren:
Er sagte: „Ich war im Kino. Der Film hat mir gut gefallen. Den musst du dir auch anschauen!"
Man kann sie aber auch in der Form des Konjunktivs I (indirekt) wiedergeben:
Er sagte, er sei im Kino gewesen. Der Film habe ihm gut gefallen. Den müsse ich mir auch anschauen.

Allerdings ist der Konjunktiv I weitgehend auf die Schriftsprache und die gehobene Redesprache beschränkt. Er kommt in mündlicher Rede oder gar in der Umgangssprache selten vor. Hier wird Indirektheit weitaus häufiger mit dass-Sätzen im Indikativ (oder auch im Konjunktiv II) ausgedrückt:
Er sagte, dass er gestern im Kino gewesen ist und ihm der Film gut gefallen hat | hätte. Den müsste ich mir auch anschauen.

Besonders bevorzugt wird der Konjunktiv I in journalistischen und wissenschaftlichen Texten. Hier dient er vornehmlich dazu, das von anderen Gesagte in den eigenen Schreibstil referierend einzufügen und zu verkürzen.
Zitate können sehr lang sein und müssen stets wörtlich und vollständig wiedergegeben werden und als solche gekennzeichnet werden.
Indirekte Redewiedergaben hingegen können in verkürzter und angepasster Form in den eigenen Text eingebaut werden. Zudem signalisiert der Schreiber damit zwar keinen Zweifel an dem, was ein anderer ausgesagt hat, er übernimmt aber auch keine Gewähr für die Wahrheit der Aussage. Er hält eine gewisse Distanz zu ihr. Diese kommt besonders dadurch zum Ausdruck, dass aus dem *Ich* des zitierten Sprechers in der indirekten Rede ein *Er* wird.

Der Konjunktiv I und die Tempora

Die Formen des Konjunktivs I werden von Präsensformen abgeleitet *(er turne, er habe geturnt, er werde turnen)*. Deswegen gibt es für das Perfekt und das Präteritum der direkten Rede im Indikativ nur eine gemeinsame Konjunktiv I-Form in der indirekten Rede:

	Indikativ Er sagte:	Konjunktiv Er sagte,
Präsens:	„Ich singe."	er *singe*.
Perfekt:	„Ich habe gesungen."	er *habe* gesungen.
Präteritum:	„Ich sang."	er *habe* gesungen.
Futur I:	„Ich werde singen."	er *werde* singen.

Der Gebrauch des Konjunktivs I in einem Text

Der Rektor vertrat die Ansicht, dass eine Schuluniform für alle zu einem besseren Sozialverhalten führen könne. In vielen anderen Ländern sei man längst zu dieser Auffassung gelangt. Dennoch dürfe man den Schülern an seiner Schule eine bestimmte Uniform nicht einfach verordnen. Er plädiere für einen freiwilligen Versuch mit gleich aussehenden Jeans und T-Shirts. Der Versuch werde zeigen, nachdem jeder seine Erfahrung damit gemacht habe, wie viele Schüler dazu bereit seien.

Überblick über die Personalformen des Konjunktivs I

direkte Rede Er sagte:	indirekte Rede Er sagte,
„Ich bin mir sicher, ich habe keine Zeit."	er sei sich sicher, er habe keine Zeit.
„Du bist dir sicher! Du hast ja nie Zeit!"	ich sei mir sicher. Ich hätte ja nie Zeit.
„Er ist sich sicher, er hat keine Zeit."	er sei sich sicher, er habe keine Zeit.
„Wir sind uns sicher, wir haben keine Zeit."	sie seien sich sicher, sie hätten keine Zeit.
„Ihr seid euch sicher! Ihr habt ja nie Zeit!"	wir seien uns sicher. Wir hätten ja nie Zeit.
„Sie sind sich sicher, sie haben keine Zeit."	sie seien sich sicher, sie hätten keine Zeit.

Der Konjunktiv II als „Ersatzform"

Die obige Tabelle zeigt, dass in der indirekten Rede an einigen Stellen die Konjunktiv II-Form *hätte* vorkommt. Da uns in einigen Personalformen (insbesondere im Plural) kein eigens ausgebildeter Konjunktiv I zur Verfügung steht, müssen wir hin und wieder Formen des Konjunktivs II bzw. mit *würde* verwenden. *Er sagte: „Wir haben uns geirrt."* → *Er sagte, sie hätten sich geirrt* (statt: ... *sie haben sich geirrt). – Er sagte: „Wir werden uns eines Besseren besinnen."* → *Er sagte, sie würden sich eines Besseren besinnen* (statt: ... *sie werden sich eines Besseren besinnen).*

Redewiedergaben in einem Zeitungstext

Über fünfhundert Kröten getötet

Ein Gärtner aus der Nähe von Olmstedt *wurde* zu einer Geldstrafe *verurteilt*. Er *war* wegen Tötens von über fünfhundert Kröten *angeklagt worden*. Der Angeklagte *verteidigte* sich damit, dass er auf seinem Gelände einen Teich habe anlegen wollen, wobei er eine größere Anzahl Kröten mit ausgegraben habe. Die *hatten*, wie bekannt *war*, dort ihren Laichplatz. Seine Arbeit, so der Angeklagte, hätten 1) sie erheblich behindert. Da er nicht gewusst habe, was er mit ihnen anstellen solle, habe er seinen Helfern die Anweisung gegeben, die Tiere in Plastiksäcke zu stopfen und sie am Rande einer Wiese auszusetzen. Der Zeuge des Vorgangs, ein Förster, *gab* an, ihm seien die verschlossenen Säcke aufgefallen. Er habe sie geöffnet. Die Kröten seien allesamt erstickt gewesen. Der Richter *verurteilte* die Handlungsweise des Gärtners mit den ironischen Worten: „Eine solche Art Liebe zur Natur habe ich in diesem Beruf noch nie kennen gelernt!" Der Angeklagte *wurde* zu einer Geldstrafe von 3000 Euro *verurteilt*.

Kommentar:
Dieser Text zeigt den Wechsel zwischen *Originalton des Journalisten* und referierter Rede aus zweiter Hand: die indirekt wiedergegebenen Aussagen des Angeklagten und des Zeugen sowie die zitierte wörtliche Rede des Richters. Die indirekten Reden sind im Konjunktiv I wiedergegeben. Das macht es möglich, dass sogar selbstständige Sätze ohne Redeeinleitung den Sprechern richtig zugeordnet werden können. An einer Stelle (1) musste die „Ersatzform" des Konjunktivs II gewählt werden. – Was die einzelnen Personen vor Gericht wirklich gesagt haben, ist in diesem Text zwar wahrheitsgemäß, aber nur verkürzt wiedergegeben. Ganz gewiss haben Angeklagter und Zeuge in ihren mündlichen Aussagen alles ausführlicher und umständlicher gesagt. Lediglich die pointierte Aussage des Richters war dem Journalisten so wichtig, dass er sie als wörtliches Zitat wiedergegeben hat.

Konjunktiv II

Die Formen des Konjunktivs II sind im Wesentlichen Zeichen dafür, dass ein Sprecher oder Schreiber seine Aussagen nicht (wie im Indikativ) als solche über die Wirklichkeit versteht, sondern als solche über gedankliche Vorstellungen, Wünsche, Fantasien, über nur mögliche (potenzielle) oder unmögliche (irreale) Ereignisse: *Wäre mir das doch nicht passiert! Hätte ich besser aufgepasst, säße ich jetzt nicht hier. Käme doch nur jemand, der mich trösten würde!*

Solche Sätze sagen etwas über Nicht-Wirkliches aus: über **Vergangenes**, das nun als **irreal** gesehen wird; über **Zukünftiges**, das nur als **potenziell** gedacht wird. Solchen Sätzen können Indikativsätze entgegengestellt werden, in denen die Realität als Gegensatz zum Ausdruck kommt: *Es ist mir nun einmal passiert. Ich habe nicht aufgepasst. Ich sitze jetzt hier. Es kommt niemand. Es tröstet mich keiner.*

Gegenwarts-, Zukunfts- und Vergangenheitsperspektive des Konjunktivs II

Die Formen des Konjunktivs II werden von den Vergangenheitsformen der Verben abgeleitet *(er schliefe, er hätte geschlafen, er wäre eingeschlafen, er würde schlafen)*. Manche von ihnen, die unregelmäßig gebildet werden, werden so selten verwendet, dass sie uns fremd erscheinen *(mölke, stürbe, schmölze)*. Deswegen werden die ungebräuchlichen Formen in der Regel durch *würde*-Formen ersetzt *(würde melken, würde sterben, würde schmelzen)*.
Andere Formen des Konjunktivs II werden selbst in mündlichem Sprachgebrauch ganz selbstverständlich verwendet *(käme, gäbe, fände)*.

Gegenwarts- / Zukunftsperspektive (Potenzialität)	**Vergangenheitsperspektive (Irrealität):**
Konjunktiv II mit einfacher Verbform oder *würde*-Form: *sie ginge, sie gäbe, sie würde gehen / geben*	Konjunktiv II mit zusammengesetzter Verbform: *sie wäre gegangen, sie hätte gegeben*
Sie stellt sich vor, dass sie einfach auf ihn zuginge (zugehen würde) und ihm einen Kuss gäbe (geben würde).	*Da sie das nicht getan hat, denkt sie später: Wäre sie doch einfach auf ihn zugegangen und hätte ihm einen Kuss gegeben.*
(Bei Verben ohne Konjunktiv II-Form ist die *würde*-Form notwendig: ... *dass sie ihn umarmen würde*, statt: *umarmte.)*	(Hin und wieder wird auch hier die *würde*-Form verwendet: ... *würde sie auf ihn zugegangen sein, würde sie ihm einen Kuss gegeben haben.)*

Gebrauch des Konjunktivs II in einem Text

Es *begann* damit, dass sie den Schlüssel in der Haustür *hatte* innen *stecken lassen*. Eigentlich wäre nichts passiert, hätte sie die Tür nicht von außen zugeklappt und die Schultasche im Flur stehen lassen.	Indikativ, vergangen, Realität Konjunktiv II, vergangen, Irrealität
So *kam* sie weder ins Haus zurück noch an ihre Tasche heran. Nach der Schule würde ihre Mutter wieder zu Hause sein, dann gäbe es keinerlei Schwierigkeiten, wieder ins Haus zu gelangen. Doch in der Schule bekäme sie sicher einige Schwierigkeiten.	Indikativ, vergangen, Realität Konjunktiv II, zukünftig, Potenzialität
Läge doch wenigstens der Zweitschlüssel unter dem Blumentopf! Doch ausgerechnet heute *lag* er dort nicht. Am besten, sie würde einfach die Schule schwänzen! Aber sollte sie wirklich ihr Problem auf diese Weise lösen?	Konjunktiv II, gegenwärtig, Wunsch Indikativ, vergangen, Realität Konjunktiv II, zukünftig, Potenzialität

Konditionalgefüge – Konzessivgefüge

Konditionale und konzessive Bedingungssätze sind wichtige Bereiche des irrealen und potenzialen Konjunktivs II. Sie kommen in der Alltagssprache recht häufig vor. Sie drücken aus, unter welcher Bedingung etwas geschehen könnte oder geschehen wäre – bzw. unter welcher Bedingung es nicht geschehen würde oder geschehen wäre. Sie unterscheiden sich wie folgt:

konditional:	**konzessiv:**
Unter der Bedingung, dass das Erste geschähe (geschieht), würde das Zweite (vielleicht, mit Sicherheit) **auch** geschehen.	Unter der Bedingung, dass das Erste geschehen wäre (geschieht), wäre das Zweite **nicht** geschehen (würde nicht geschehen):
potenzial (könnte geschehen):	
Wenn sie es ihm riete (raten würde), bliebe er vielleicht zu Hause (würde ... bleiben). (Auch im Indikativ möglich: *Wenn sie ihm rät, bleibt er vielleicht.)*	*Doch auch wenn sie es täte, bleiben würde er trotzdem nicht.* (Auch im Indikativ möglich: *Auch wenn sie es tut, bleiben wird er nicht.)*
irreal (hätte geschehen können, aber ist nicht geschehen):	
Hätte sie es ihm geraten, wäre er vielleicht zu Hause geblieben.	*Doch auch wenn sie es getan hätte, geblieben wäre er trotzdem nicht.*

Der „höfliche" Konjunktiv II

Der Konjunktiv II wird häufig verwendet, um etwas in zurückhaltender Form zum Ausdruck zu bringen. Er wird hier als fest gefügte Höflichkeitsformel verwendet:
Würden Sie sich bitte an diesen Tisch setzen? Was hätten Sie denn gern? Dürfte ich Ihnen die Speisekarte reichen? Wie wäre es mit einer Vorspeise? Ich könnte Ihnen einen Salat empfehlen.

Konjunktiv II-Formen gebräuchlicher unregelmäßiger Verben

biegen	böge	bitten	bäte	bleiben	bliebe	brechen	bräche
denken	dächte	essen	äße	fahren	führe	fallen	fiele
fangen	finge	finden	fände	fliegen	flöge	fließen	flösse
geben	gäbe	gehen	ginge	geschehen	geschähe	gewinnen	gewänne
klingen	klänge	laufen	liefe	lesen	läse	liegen	läge
nehmen	nähme	rufen	riefe	schlafen	schliefe	schreiben	schriebe
sehen	sähe	singen	sänge	springen	spränge	steigen	stiege
trinken	tränke	verlieren	verlöre	wissen	wüsste	ziehen	zöge

Gedankenspiele in einem Gedicht

Der eingebildete Kranke

Eugen Roth

Ein Griesgram *denkt* mit trüber List,
Er wäre krank. (was er nicht *ist*!)
Er müsste nun, mit viel Verdruss,
Ins Bett hinein. (was er nicht *muss*!)
Er hätte 1), spräch 2) der Doktor glatt,
Ein Darmgeschwür. (was er nicht *hat*!)
Er *soll* 3) verzichten, jammervoll,
Aufs Rauchen ganz. (was er nicht *soll*!)
Und werde 4), *heißt* 5) es unbeirrt,
Doch sterben dran. (was er nicht *wird*!)
Der Mensch könnt, als gesunder Mann
Recht glücklich sein. (was er nicht *kann*!)
Möcht glauben er nur einen Tag,
Dass ihm nichts *fehlt*. (was er nicht *mag*!)

(aus: Eugen Roth: Der Wunderdoktor. München: Hanser 1950, S. 72)

Kommentar:
Ein humorvolles Gedicht über vorgestellte Ängste. Der Potenzialität im Konjunktiv II (was sein könnte), wird jeweils die *Realität im Indikativ* (was ist), gegenübergestellt. So haben wir es im Eingang zu diesem Kapitel auch dargestellt. Doch es gibt drei Stellen, die daran zweifeln lassen, ob der Dichter das Handwerk des Konjunktivgebrauchs wirklich vollendet beherrscht.
1) Müsste hier nicht, da es sich doch um indirekte Rede handelt, *Er habe, spräch der Doktor glatt* stehen? Der Konjunktiv II als Ersatzform wäre nicht nötig. Legitimieren ließe er sich aber vielleicht doch: Die indirekte Rede des Arztes wird in die Angstvorstellungen des Kranken eingebettet und erscheint selbst als Potenzialität.
3) Wenn das beabsichtigt ist, dann müsste es aber auch hier entsprechend *Er sollt' verzichten* heißen (aus rhythmischen Gründen verkürzt). Der Indikativ jedenfalls ist inkonsequent, und der Konjunktiv I müsste *solle* (verkürzt *soll')* lauten.
4) Hier wird nun durchaus richtig die indirekte Rede im Konjunktiv I verwendet. Im Vergleich zu *hätte* müsste es allerdings *Und würde sterben* heißen. Das hätte dann den Ängsten samt den vorgestellten Reden des Arztes den Ausdruck von Potenzialität verliehen.
2), 5) Im Widerspruch stehen auch die Formen *spräch der Doktor* und *heißt es unbeirrt*. Konjunktiv II gegen Indikativ. Das Erstere entspricht dem konjunktivischen Gedankenspiel, das Letztere hebt es fast wieder auf. Und das ohne Not; denn es hätte ja lauten können:
Und würde, hieß' es unbeirrt ...
Da das aber nicht so ist, muss man das Gedicht als eines kritisieren, das nicht in allen Belangen grammatisch konsequent gestaltet ist. Schade! Es wäre so leicht möglich gewesen. So aber haben wir immerhin aus der Kritik noch einiges gelernt.

Das Nomen (Substantiv)

Die Veränderungen der Nomen an ihrem Wortkörper (Flexion) nennt man **Deklination**. Nomen können dekliniert werden nach folgenden **drei Formen**:

Überblick über die Deklinationsformen des Nomens

Genus (Geschlecht) – drei Genera:
- Maskulinum: *der Löffel, der Löwe, der Bruder, der Zorn*
- Femininum: *die Gabel, die Ente, die Schwester, die Wut*
- Neutrum: *das Messer, das Schwein, das Kind, das Glück*

Numerus (Anzahl) – sieben Pluralformen:
- Singular: *Tag, Last, Kind, Tasche, Auto, Garten, Balken*
- Plural: *Tag|e, Last|en, Kind|er, Tasche|n, Auto|s, Gärten, Balken*

Kasus (Fall) – vier Fälle:
- Nominativ: *der Kreis, die Kreise, der Nachbar, die Nachbarn*
- Akkusativ: *(durch) den Kreis, die Kreise, (gegen) den Nachbar|n, die Nachbarn*
- Dativ: *(zu) dem Kreis|(e), den Kreise|n, (bei) dem Nachbar|n, den Nachbarn*
- Genitiv: *(links) des Kreis|es, der Kreise, (wegen) des Nachbar|n, der Nachbarn*

Nomen in Sätzen

Witz

Fragt eine Kundin auf dem Markt die Gemüsefrau:
„Die Orangen kommen aus Spanien,
die Melonen aus Kalifornien,
die Tomaten aus Holland …
muss das denn alles aus dem Ausland kommen?“
Antwortet die Gemüsefrau:
„Wo ist Ihr Problem?
Wollen Sie die Sachen zum Essen
oder um auf Deutsch mit ihnen zu reden?“

Nomen und andere Wortarten

In diesem Witz kommen 14 verschiedene Nomen vor. Ihnen gegenüber stehen 24 verschiedene Wörter aus anderen Wortarten (9 verschiedene Artikel und Pronomen, 7 Verben, 5 Präpositionen, 3 Konjunktionen). Der Anteil der verschiedenen Nomen in diesem Text (im Verhältnis zu den verschiedenen anderen Wörtern) beträgt rund 68 %. Statistisch beträgt ihr Anteil sonst rund 46 % (Verben: 19 %, Adjektive: 23 %, Adverbien: 7 %). Die Nomen sind also die wichtigste Wortart in unserer Sprache.

Bedeutung der Nomen

Die Nomen lassen sich grob folgenden Bedeutungsgruppen zuordnen:

Gegenstandswörter (Konkreta):
- Lebendiges: *Kind, Fisch, Baum, Wald ...*
- Dingliches: *Tisch, Buch, Haus, Wolke ...*

Begriffswörter (Abstrakta):
- Vorstellungen, Empfindungen: *Geist, Liebe, Wut, Langeweile ...*
- Zustände/Vorgänge/Handlungen: *Schlaf, Reise, Ruhe, Frieden ...*
- Eigenschaften/Verhältnisse: *Krankheit, Länge, Nähe, Jugend ...*

Immer mehr Nomen!

Die größte Wortartengruppe der Nomen wird durch **Wortbildung** ständig erweitert:

1. **Erweiterung durch Präfixe:**
   Durch Anfügen von Präfixen („Vorsilben") entstehen Wörter mit neuer Bedeutung:
   Spiel → Ab|spiel, Sinn → Un|sinn, Schrift → Vor|schrift, Fall → Zu|fall ...

2. **Erweiterung durch Suffixe:**
   Durch Anfügen von Suffixen („Nachsilben") werden Nomen aus anderen Wortarten und aus anderen Nomen abgeleitet:
   feige → Feig|heit, Feig|ling; heilen → Heil|ung; reich → Reich|tum; Mann → Mann|schaft ...

3. **Erweiterung durch Komposition:**
   Durch Komposition (Zusammensetzung) werden zwei selbstständige Nomen zu einem neuen Nomen zusammengesetzt. Das erste der beiden Wörter heißt **Bestimmungswort**, das zweite bzw. das letzte der Wörter heißt **Grundwort**:
   Ball → Fuß|ball, Tür → Haus|tür, Schule → Baum|schule, Garten → Kinder|garten ...
   Halle+Hand+Ball → Hallen|hand|ball, Schule+Meister+Wohnung → Schul|meister|wohnung ...

4. **Erweiterung durch Eingliederung von Fremdwörtern:**
   Durch Eingliederung von Fremdwörtern wird der Bestand unserer Wörter erweitert. Auch diese Nomen werden im Deutschen großgeschrieben. Manche der zusammengesetzten Wörter werden mit Bindestrich, manche in einem Wort, manche (wie im Englischen) in zwei Wörtern geschrieben:
   Fairness, Airbag, Charts, Shop, Fairplay | Fair Play, Open-Air-Konzert, Flipflop | Flip-Flop, Hotdog | Hot Dog ...

5. **Erweiterung durch alle Möglichkeiten der Wortbildung:**
   Schul|ver|walt|ung, Un|ab|häng|ig|keit|s|er|klär|ung, Corned|beef|büchse | Corned-Beef-Büchse, Inter|city|ex|press|zug ...

Großschreibung: Nomen und Nominalisierungen

1	Nomen werden **großgeschrieben**, – auch in Zusammensetzungen mit Bindestrichen.	**1**	*Wind, Wetter, Eifersucht, Langeweile … das Komisch-Witzige, die Mund-zu-Mund-Beatmung*
2	Bezeichnungen von **Tageszeiten** nach Adverbien werden **großgeschrieben**.	**2**	*heute Abend, morgen Nachmittag, gestern Nacht, heute Früh | heute früh*
3	Wörter aus **anderen Wortarten**, die **nominalisiert** worden sind, werden großgeschrieben. **Kennzeichen** für Nominalisierung sind Artikel, Pronomen, Adjektive oder Präpositionen, die vorausgehen.	**3**	*sein Ja und ihr Nein, etwas Ähnliches, er gab sein Bestes, das ist zum Verrücktwerden, jetzt geht es zum Schwimmen, das Folgende, eine grässliche Langeweile, alles Gute, bei Rot über die Ampel gehen, der Einzelne, das ist das Tollste, beim Radfahren …*
4	Als Nomen gebrauchte **Zahlen** werden **großgeschrieben**. Alle anderen Zahlen unter einer Million schreibt man klein. Die Wörter *hundert* und *tausend* können groß- oder kleingeschrieben werden.	**4**	*eine Sechs würfeln, jeder Zweite in der Reihe, als Erstes lesen wir heute, ein Viertel des Apfels, sie kam gegen elf, sie ist erst sechzehn, die ersten acht,* aber: *die acht Ersten, Hunderte | hunderte von Menschen.*

Der Nominalstil eines Textes

Macht man sich aus parodistisch-demonstrierenden Motiven das Vergnügen, die Bach-Anekdote (vergleiche Seite 19) in einen Nominalstil mit möglichst wenigen Verben umzugestalten, damit aber mit umso mehr Nomen, die von Verben abstammen, so sieht das etwa so aus: Von den 14 Verben und Hilfsverben des Originals bleiben nur noch drei **Verben** übrig, dafür bestimmen nun aber 18 statt 13 Nomen den Stil:

Anekdote

nach Heinrich von Kleist

Der nach dem Tode seiner Frau zum Begräbnis Anstalten machende und den Kopf auf einen Tisch stützende Bach **antwortete** unter Tränen nach Ankunft eines alten Bedienten und dessen Forderung nach Geld für den Kauf von Trauerflor aus der Gewohnheit heraus, dass alle Besorgungen sonst immer seine Frau **machte: „Sagt's** meiner Frau."

Artikel und Pronomen

Artikel und Pronomen gehören zu den nach Numerus, Genus und Kasus deklinierbaren Wörtern:
mein Buch, mein/e CD, mein/e Bücher, mein/e CDs, mein/em Buch, mein/er CD.
Man unterscheidet diese Wörter danach, ob sie *vor* dem Nomen oder *für* ein Nomen stehen können:
1: *vor* dem Nomen: *das Buch, dieses Buch, mein Buch, jedes Buch ...*
2: *für* ein Nomen: *das Buch ← es, dem Buch ← ihm, das Buch, ← das ich las.*

	1. Gruppe	**2. Gruppe**
bestimmter Artikel	*das Buch*	------------------
unbestimmter Artikel	*ein Buch*	------------------
Demonstrativpronomen	*dieses Buch*	*dies ist richtig*
Possessivpronomen	*mein Buch*	*das ist meins*
Interrogativpronomen	*welches Buch*	*was hast du?*
Personalpronomen	----------------	*ich, du ...*
Indefinitpronomen	*manches Buch*	*jemand, alles ...*
Relativpronomen	----------------	*das Buch, das ich lese*
Anredepronomen	*ich höre Sie*	*Ihr Buch ...*
Reflexivpronomen	----------------	*sich etwas vorlesen*

Artikel und Pronomen in Sätzen

Sprichwörter

Was du nicht willst,	vorausgestelltes Relativ-, Anredepronomen
das man dir tu,	Relativ-, Indefinit-, Anredepronomen (Dativ)
das füg auch keinem andern zu.	Demonstrativ-, Indefinit-, Indefinitpronomen
Wer andern eine Grube gräbt,	vorausgestelltes Relativ-, Indefinitpronomen, Artikel
fällt selbst hinein.	Reflexivpronomen
Jeder ist seines Glückes Schmied.	Indefinit-, Possessivpronomen
Wer sich nicht nach der Decke	vorausgestelltes Relativ-, Reflexivpronomen, Artikel
streckt, dem bleiben die Füße unbedeckt.	Relativpronomen (Dativ), Artikel
Der hat seinen Dreck nicht getan,	Demonstrativ-, Possessivpronomen
der ihn unter sein Fenster fegt.	Relativ-, Personal- (Akkusativ), Possessivpronomen

Der bestimmte und unbestimmte Artikel

Die **Artikel** geben das **Genus** (grammatische Geschlecht) des Nomens an (siehe Seite 40). Innerhalb von Texten hat der **unbestimmte** Artikel *(ein, eine)* die Funktion, etwas Unbekanntes einzuführen und auf etwas Folgendes **vorauszuverweisen**, der **bestimmte** Artikel *(der, die, das)* die Funktion, auf etwas Bekanntes und Vorausgehendes **zurückzuverweisen**.

Bestimmte und unbestimmte Artikel in einem Text

Szene mit zwanzig Personen

Der Bus war überfüllt. Ein großes Mädchen saß in der ersten Bank. Eine junge Frau saß am Fenster. Ein alter Mann saß ihr gegenüber. Eine Frau hatte ein Kind auf dem Schoß. Ein Mann redete mit einem kleinen Jungen. Ein Mädchen lachte einen Jungen an. Eine Frau hatte ihre Tasche mit Gemüse auf den Sitz gestellt. Ein Mann hatte einen Blumenstrauß über seinen Sitz gelegt. Ein Junge fing an zu schreien. Ein Mann redete unentwegt auf einen Jungen ein. Ein Mann schimpfte. Eine Frau zeterte mit einem Mann. Ein Kind fing zu weinen an. Ein Mädchen versuchte einen kleinen Jungen zu trösten. Was für ein Spektakel!

Szene mit vier Personen

Der Bus war überfüllt. Ein großes Mädchen saß in der ersten Bank. Eine junge Frau saß am Fenster. Ein alter Mann saß ihr gegenüber. Die Frau hatte ein Kind auf dem Schoß. Der Mann redete mit dem kleinen Jungen. Das Mädchen lachte den Jungen an. Die Frau hatte ihre Tasche mit Gemüse auf den Sitz gestellt. Der Mann hatte einen Blumenstrauß über seinen Sitz gelegt. Der Junge fing an zu schreien. Der Mann redete unentwegt auf den Jungen ein. Der Mann schimpfte. Die Frau zeterte mit dem Mann. Das Kind fing zu weinen an. Das Mädchen versuchte, den kleinen Jungen zu trösten. Was für ein Spektakel!

Kommentar:
Alle Figuren des ersten Textes werden mit dem unbestimmten Artikel eingeführt. Das geschieht insgesamt 20-mal. Die Personen scheinen wenig miteinander zu tun zu haben. Immer ist von anderen die Rede: von drei Mädchen, vier Frauen, sieben Kindern, sechs Männern. Der unbestimmte Artikel hat eine vorausverweisende (kataphorische) Funktion; man erwartet also im ersten Text stets, dass die Figuren irgendwie miteinander in Beziehung gebracht werden, was jedoch nicht geschieht.
Im zweiten (bis auf die Artikel gleichlautenden) Text hingegen werden die Figuren jeweils durch den bestimmten Artikel als bereits eingeführte Personen gekennzeichnet: eine Frau mit einem kleinen Jungen (Kind), ein alter Mann und ein junges Mädchen. Der bestimmte Artikel hat eine rückverweisende (anaphorische) Funktion; er verbindet die zunächst mit dem unbestimmten Artikel eingeführten Figuren miteinander.

Das Personalpronomen

Die **Personalpronomen** stehen **stellvertretend** für im Text zumeist bereits eingeführte Nomen. Sie ermöglichen durch ihren **verweisenden** Charakter, dass etwas einmal Bezeichnetes nicht ständig wiederholt werden muss. Die Personalpronomen sind:

	Singular:					**Plural:**		
	1.	2.	3. Person			1.	2.	3. Person
Nominativ	*ich*	*du*	*er*	*sie*	*es*	*wir*	*ihr*	*sie*
Akkusativ	*mich*	*dich*	*ihn*	*sie*	*es*	*uns*	*euch*	*sie*
Dativ	*mir*	*dir*	*ihm*	*ihr*	*ihm*	*uns*	*euch*	*ihnen*
Genitiv	*meiner*	*deiner*	*seiner*	*ihrer*	*seiner*	*unser*	*euer*	*ihrer*

Das Anredepronomen

Anredepronomen sind heute nur noch *du* und *Sie*. Früher gab es noch *Er* und *Ihr: Hole Er mir einen Becher Wein! – Ich grüße Euch!* In Briefen wird das Anredepronomen *Sie* mit seinen Flexionsformen *(ich denke an Sie, ich glaube Ihnen, ich erinnere mich Ihrer)* und den entsprechenden Possessivpronomen *(Ihr Schlüsselbund und Ihre Schlüssel)* großgeschrieben, nicht in erster Linie aus Höflichkeit, sondern weil man es sonst vom Personalpronomen im Singular oder Plural nicht unterscheiden kann *(ich denke an sie, ihr Schlüsselbund)*. Das Anredepronomen *du* ist mit seinen Formen hingegen stets vom Personalpronomen unterscheidbar und braucht deswegen nicht großgeschrieben zu werden. Wer die Regeln der Unterscheidung von Anrede-, Personal- und Possessivpronomen nicht beherrscht, kann zu einem so anzüglichen Brief kommen wie dem folgenden:

Verehrter Herr Nachbar,

über Sie und Ihre beiden Hunde muss ich mich wieder einmal beschweren. Gestern sind Sie in meinen Garten eingedrungen und haben Verwüstungen angerichtet. So haben Sie die frisch geharkten Beete niedergetrampelt, Sie haben mit Ihrer Schnauze im Kompost gewühlt, außerdem haben Sie einige unübersehbare Haufen vor meine Tür gesetzt. Sollten Sie weiterhin Schaden bei mir anrichten, muss ich sie verklagen, dann bekommen sie eine saftige Geldstrafe aufgebrummt.

Mit Gruß
ihr Nachbar

Das Possessivpronomen

Possessivpronomen sind, wie die Artikel, Wörter, die *vor* dem Nomen stehen. Zu den Personalpronomen gehören ihnen entsprechende Possessivpronomen. Diese verweisen entweder auf Besitz *(mein Kugelschreiber)* oder Zugehörigkeit *(unsere Schule)*. Im Text zeigen sie wie die bestimmten Artikel an, dass das vom Nomen Bezeichnete bereits bekannt ist:
***Die Frau** trug eine Tasche. In ihrer Tasche befanden sich …*

Personalpronomen:	*ich*	*du*	*er*	*sie*	*es*	*wir*	*ihr*	*sie*
Possessivpronomen:	*mein*	*dein*	*sein*	*ihr*	*sein*	*unser*	*eurer*	*ihr*

Wie Pronomen Textzusammenhang stiften

Die Dohle und die Tauben

Nach Äsop

Die **Dohle** hatte gesehen, wie gut die Tauben in ihrem Taubenschlag lebten. **Sie** färbte sich daher weiß und flog zu ihnen, um an ihrem guten Leben teilzuhaben. Solange **sie** sich still verhielt, meinten die Tauben, **sie** sei eine von ihnen, und duldeten **sie**. Als **sie** aber einmal versehentlich einen Laut von sich gab, erkannten sie **ihre** Stimme und jagten **sie** davon. Nachdem die **Dohle** so **ihr** gutes Leben im Taubenschlag verloren hatte, kehrte **sie** wieder zu **ihren** *Stammesgenossen* zurück. Doch *sie* vermochten **sie** wegen **ihrer** Farbe nicht zu erkennen und schlossen **sie** daher aus *ihrer* Gemeinschaft aus. So hatte **sie** zweierlei zu gewinnen versucht, aber weder das eine noch das andere erreicht.

Kommentar:
Pronomen treten in der Regel in einem Text erst auf, wenn die Nomen, auf die sie sich beziehen, bereits genannt sind. Sie haben also eine rückverweisende (anaphorische) Funktion. Dabei ist das pronominale Verweissystem in diesem Text nicht ganz einfach, da die Figuren nicht durch Genus *(sie – die Dohle, sie – die Taube)* unterschieden werden, sondern nur durch Numerus *(sie – die Dohle* im Singular, *sie – die Tauben* im Plural). Durch Kongruenz mit dem jeweiligen Verb *(sie hatte gesehen, wie sie lebten)* wird jedoch trotz der vielen sie-/ihr-Pronomen immer deutlich, auf wen sich die Pronomen, die mit ihrem Bezugswort hier durch **Fettdruck**, Unterstreichung und *Kursivdruck* unterschieden sind, jeweils beziehen.

Das Demonstrativpronomen

Mit Demonstrativpronomen (Hinweisepronomen) kann man in einem Text auf etwas hinweisen, was noch zu erwarten oder vorher bereits genannt worden ist:
Mir hat dieser → Film nicht gefallen. Ich habe ← das vorher geahnt.

Demonstrativpronomen sind: *dieser, jener, derjenige, derselbe.*
Als Demonstrativpronomen können gebraucht werden: *der, die, das.*

Das Interrogativpronomen

Mit den Interrogativpronomen (Fragepronomen) fragen wir nach Einzeldingen oder zusammenhängenden Sachverhalten:
Welchen Film hast du gesehen? Was hat dir daran nicht gefallen?

Interrogativpronomen sind: *wer, was, was für ..., welcher.*

Das Indefinitpronomen

Indefinitpronomen (Unbestimmtheitspronomen) geben an, dass etwas noch nicht näher bestimmt ist:
Fast alle fanden den Film langweilig. Nur einige fanden ihn gut.

Indefinitpronomen sind: *alle, ein bisschen, ein wenig, ein paar, irgendein, einige, etwas, genug, kein, man, manch, mehrere, nichts, sämtlich ...*
Als solche gebraucht werden auch die pronominalen Adjektive *beide, wenig, viel.*

Das Reflexivpronomen

Das Reflexivpronomen (rückbezügliches Pronomen) bezieht sich auf ein Satzglied innerhalb eines Satzes zurück (siehe auch S. 17):
***Wir** haben ← uns im Kino gelangweilt. Die **meisten** langweilten ← sich.*

Reflexivpronomen sind: (ich) *mir, mich,* (du) *dir, dich,* (er/sie/es) *sich,* (wir) *uns,* (ihr) *euch,* (sie) *einander, gegenseitig, sich gegenseitig.*

Außer *sich* können alle Reflexivpronomen auch Personalpronomen sein. Nur bei eindeutigem Rückbezug gilt ein Pronomen als Reflexivpronomen:
Personalpronomen: *Sie spendierte uns die Kinokarten.*
Reflexivpronomen: ***Wir** bedankten ← uns dafür.*

Das Relativpronomen

Relativpronomen leiten Nebensätze (Relativsätze) ein. Sie beziehen sich dabei in der Regel auf ein im Hauptsatz zumeist vorausgehendes Nomen oder Pronomen:
*Der **Film**, ← den (welchen) ich gesehen habe, war schlecht.*
Die als Relativpronomen verwendeten Fragepronomen können sich auch auf einen nachgestellten Hauptsatz beziehen:
Was → ich gesehen habe, war einfach schlecht.

Relativpronomen sind: *der (den, dem, dessen), die (derer, deren), das (dessen), die (denen, derer, deren), welcher, wer, was.*

Text mit Relativ- Demonstrativ- und Reflexivpronomen

Im Kino

Wir wollten uns einen Film anschauen, von dem wir in der Zeitung gelesen hatten. Was wir aber nicht hatten, war das Geld für die Eintrittskarten. Das wurde *uns* dann aber von meiner Mutter spendiert. Doch der Film, den wir sahen, war ein Reinfall. Man kann sich über diese Kritiken, welche in der Zeitung stehen, manchmal nur wundern! Ich jedenfalls habe mich gelangweilt. Natürlich hielt ich mich zurück, meiner Mutter zu sagen, was mir an dem Film nicht gefallen hat. Das hätte sie vielleicht irritiert.

Kommentar:
Relativpronomen in diesem Text sind der Reihenfolge nach: *dem, den, welche.* Auch das im zweiten Satz vorangestellte und das im vorletzten Satz nachgestellte *was* sind Relativpronomen. Reflexivpronomen sind der Reihenfolge nach: *uns, sich, mich, mich, mir.* Das kursiv gedruckte *uns* ist hingegen ein Personalpronomen. Demonstrativpronomen sind der Reihenfolge nach: *das, diese, das.*

Das Adjektiv

Adjektive gehören zu den flektierbaren Wörtern. Wörter, die als Attribute zwischen Artikel und Nomen stehen können, sind Adjektive. In ihren Deklinationsformen richten sich die Adjektive nach den zugehörigen Nomen.

Überblick über die Deklinationsformen des Adjektivs

Genus (Geschlecht):			
– Maskulinum:	*golden/er Topf*	*der golden/e Topf*	*ein golden/er Topf*
– Femininum:	*grün/e Flasche*	*die grün/e Flasche*	*eine grün/e Flasche*
– Neutrum:	*rot/es Glas*	*das rot/e Glas*	*ein rot/es Glas*
Numerus (Anzahl):			
– Singular:	*der golden/e Topf*	*die grün/e Flasche*	
– Plural:	*die golden/en Töpfe*	*die grün/en Flaschen*	
Kasus (Fall):			
– Nominativ:	*das rot/e Glas*	*die grün/e Flasche*	
– Akkusativ:	*(in) das rot/e Glas*	*(in) die grün/e Flasche*	
– Dativ:	*(in) dem rot/en Glas*	*(in) der grün/en Flasche*	
– Genitiv:	*(wegen) des rot/en Glases*	*(wegen) der grün/en Flasche*	
Komparation (Steigerung):		**ohne Umlaut:**	**mit Umlaut:**
– Positiv (Grundform):		*das dick/e Glas*	*die groß/e Flasche*
– Komparativ (Steigerungsform):		*das dick/ere Glas*	*die größ/ere Flasche*
– Superlativ (Höchstform):		*das dick/ste Glas*	*die größ/te Flasche*

Die Syntax des Adjektivs

Adjektive können im Satz drei Stellungen einnehmen. Dekliniert werden Adjektive ausschließlich in attributiver Stellung:

1. attributive Stellung:	*das schnell/e Auto*	*der dick/e Hund*
2. adverbiale Stellung:	*das Auto fährt schnell*	*der Hund frisst sich dick*
3. prädikative Stellung:	*das Auto ist schnell*	*der Hund ist dick*

Ob im Zweifelsfall ein Wort zur Wortart der Adjektive gehört, ergibt die **Probe der Attribuierbarkeit**: Wörter wie *selten* und *manchmal* oder *häufig* und *oft* oder *kaputt* und *entzwei* haben fast die gleiche Bedeutung; doch nur jeweils ein Wort dieser Wortpaare ist ein Adjektiv, da es sich attribuieren lässt: *der seltene Fall* – nicht aber: *der manchmale Fall; das häufige Auftreten* – nicht aber: *das ofte Auftreten; das kaputte Rad* – nicht aber: *das entzweie Rad.*
Also sind *selten, häufig, kaputt* Adjektive, nicht aber *manchmal, oft, entzwei.* Die letzteren sind Adverbien.

Adjektive in Sätzen

Grüner Knollenblätterpilz

Der Grüne Knollenblätterpilz	Name des Pilzes, daher Großschreibung
ist giftiger als jeder andere Pilz. Er kommt	Komparativ in prädikativer Stellung
in den nördlichen Breiten	abgeleitetes Adjektiv *(Norden)*, attributiv
der gemäßigten Zone	attributive Stellung
sehr häufig vor.	adverbiale Stellung zu *vorkommen*
Auf das Konto dieses hochgiftigen Pilzes	attributive Stellung, Steigerung mit *hoch*
gehen jährlich viele Vergiftungen.	adverbiale Stellung zu *gehen*
Von unerfahrenen Pilzsammlern wird er	abgeleitetes Adjektiv *(erfahren)*, attributiv
wegen seines schönen Aussehens oftmals mit	attributive Stellung
dem ihm ähnlichen Champignon verwechselt.	attributive Stellung
Sein Geschmack ist angenehm.	prädikative Stellung
Sein tödliches Gift beginnt erst	abgeleitetes Adjektiv *(Tod)*, attributiv
nach zwölf Stunden zu wirken.	Zahladjektiv in attributiver Stellung
Die Erkrankung verläuft unter heftigsten Schmerzen und endet meistens mit einem	Superlativ in attributiver Stellung
qualvollen Tod. Deshalb: Vorsicht	Adjektivkomposition *(Qual + voll)*, attributiv
vor dem gefährlichsten aller Pilze!	Superlativ eines abgeleiteten Adjektivs *(Gefahr)* in attributiver Stellung

Bedeutung der Adjektive

Adjektive machen differenziertere Angaben über die Bedeutung von Nomen *(der kluge Rat)*, Verben *(sie weinte bitterlich)*, andere Adjektive *(eine grünlich helle Farbe)* oder ganze Sätze *(So wie er auftrat, das war schon eindrucksvoll)*. Sie lassen sich grob folgenden Bedeutungsgruppen zuordnen:

Eigenschaftswörter (qualifizierende Adjektive):
Farben, Formen: *blau, lila, hell – oval, breit, quadratisch*
Oberflächen, Temperaturen: *weich, rau, glatt – heiß, lau, kalt*
Geistiges, Ästhetisches, Bewertendes: *klug, weise, blöd – schön, unästhetisch, hässlich*

Zugehörigkeitswörter (relationale Adjektive):
Zeitliches, Räumliches: *spät, abendlich, monatlich – flach, hinter, hoch*
Geografisches, Historisches: *deutsch, jenseitig, asiatisch – mittelalterlich, romantisch*
auf Berufe und andere Bereiche Bezogenes: *ärztlich, staatlich, wissenschaftlich ...*

Mengenwörter (quantifizierende Adjektive):
Zahladjektive: *die sieben Raben, der dritte Mann ...*
indefinite Mengenadjektive: *die vielen Menschen, die anderen Leute ...*

Komparation (Steigerung)

Prinzipiell können Adjektive Vergleichsstufen bilden. Viele von ihnen kommen jedoch im Komparativ und Superlativ nicht vor, weil sie Eigenschaften ausdrücken, die keine Steigerung zulassen: *viereckig, gestrig, mündlich, altklug, halb, lila, drei ...*
Nur im jugend- oder umgangssprachlichen Gebrauch erscheinen hin und wieder Wendungen wie: *mit maximalster Anstrengung; die einzigste Sache, die ich tun konnte; ...*

Der **Positiv** steht in Vergleichen mit den Vergleichswörtern *so ... wie:*
*Sie ist so **groß** wie ich. Sie ist fast doppelt so **groß** wie ich.*
Der **Komparativ** steht mit dem Vergleichswort *als:*
*Sie ist **größer** als ich.*
Der **Superlativ** wird mit dem Wort *am* gebildet:
*Sie ist am **größten** von allen.*

Immer mehr Adjektive!

Die Wortart der Adjektive wird durch **Wortbildung** ständig erweitert:

1. Erweiterung durch Präfixe:
Durch Anfügen von Präfixen entstehen Adjektive mit neuer, oft gegensätzlicher Bedeutung. Manche von ihnen kommen überhaupt nur in Kombination mit Präfixen vor:
ein ungeheurer Vorfall, klar → unklar, laut → vorlaut, mäßig → übermäßig ...

2. Erweiterung durch Suffixe:
Durch Anfügen von Suffixen werden Adjektive aus anderen Wortarten abgeleitet:
***-lich**: glücklich, freundlich; **-ig**: eckig, rostig; **-sam**: einsam, enthaltsam;*
***-isch**: kindisch, französisch; **-bar**: brauchbar, wunderbar; **-haft**: zaghaft, lebhaft;*
***-mäßig:** mittelmäßig, gleichmäßig,* aber auch: *Mir geht es granatenmäßig schlecht!*

3. Erweiterung durch adjektivische Verwendung von Partizipien:
Die meisten Partizipien, die von Verben herstammen, können adjektivisch verwendet werden:
das abgestorbene Laub, die nie endende Hoffnung ...
Es gibt auch **Pseudopartizipien**, die keinen verbalen Ursprung haben:
gefiedert, geblümt, gesprenkelt ...

4. Erweiterung durch Komposition:
Durch die Zusammensetzung zweier Adjektive oder eines Adjektivs mit einem Nomen entstehen Adjektivkomposita:
hellblau, blaugrün, blutjung, mittelmäßig, blassrosa, jugendfrisch ...

5. Erweiterung durch Eingliederung von Fremdwörtern:
Besonders die Jugend-, Sport-, Mode- und Werbesprache erweitern das Repertoire der Adjektive ständig:
cool, taff, relaxt, unfair, oversized, galaktisch, ultimativ ...

Groß- und Kleinschreibung von Adjektiven

1 **Nominalisierte** Adjektive werden **großgeschrieben**.	1 *alles Gute, nichts Besonderes, die Besten unter ihnen, das Folgende ...*
2 **Superlative** mit *am*, nach denen man *wie* fragen kann, werden **kleingeschrieben**.	2 *Am wichtigsten* (wie?) *ist, dass wir ...* Aber: *Das Wichtigste ist, dass ...*
3 Adjektive mit Artikel, die sich auf ein **vorausgehendes Nomen** beziehen, werden **kleingeschrieben**.	3 *Diese Schuhe finde ich gut; am besten finde ich die braunen. Aber auch die schwarzen gefallen mir.*
4 Adjektive, die zu **Namen** gehören, werden **großgeschrieben**.	4 *der Grüne Knollenblätterpilz, der Indische Ozean, sie wohnt Alte Gasse 14 ...*
5 Länderbezeichnungen wie ***deutsch/ Deutsch*** werden **kleingeschrieben**, wenn sie mit ***wie*** erfragt werden; sie werden **großgeschrieben**, wenn sie im Sinne von ***die deutsche Sprache*** verwendet werden.	5 *Heute wir haben den ganzen Tag englisch gesprochen und nicht deutsch.* *Sie sprach das Gedicht auf Englisch (in englischer Sprache). Sie sagte, wie es in gutem Deutsch lautete.*

Adjektive in Texten: bewertend, präzisierend, charakterisierend

1. Dynamisch, variabel, leistungsstark! Erleben Sie die perfekte Kombination aus sportlicher Dynamik, ästhetischem Design und komfortabler Geräumigkeit.

2. Blaumeise: Kopf mit himmelblauem, weiß eingefasstem Scheitel und weißen Wangen. Auf der Unterseite anders als bei der verwandten Kohlmeise nur ein kurzer schwarzer Längsstrich. Im blassen Jugendkleid Wangen noch gelb und Scheitel grau.

3. Hans war außerordentlich hübsch und wohlgestaltet, breit in den Schultern und schmal in den Hüften, mit freiliegenden und scharfblickenden stahlblauen Augen. Aber unter Tonios runder Pelzmütze blickten aus einem brünetten und ganz südlich scharfgeschnittenen Gesicht dunkle und zart umschattete Augen mit schweren Lidern träumerisch und ein wenig zaghaft hervor.

Kommentar:
Die wichtigsten Funktionen der Adjektive in Texten sind: präzisierende Information, Charakterisierung und Bewertung. Die drei Textausschnitte zeigen dies prototypisch: **1.** die Autowerbung mit ihren bewertenden Hochwörtern, **2.** der Artikel aus einem Vogelbuch über die Blaumeise mit seinen präzisierenden und differenzierenden Angaben, **3.** der Ausschnitt aus Thomas Manns „Tonio Kröger" mit seinen Charakterisierungen der beiden unterschiedlichen Figuren.

Das Adverb

Die Adverbien stellen eine Wortart dar, die sich schwer definieren lässt.

Formal gehören sie im Gegensatz zu den Adjektiven zu den Wortarten, die sich nicht flektieren lassen:
Adjektiv: *ein seltener Vogel;* **Adverb**: *den Vogel sieht man nur manchmal.*
Im Gegensatz zu den Konjunktionen können Adverbien (als Adverbiale) **Satzglieder** sein und also ein Subjekt von seiner Erststelle im Satz verdrängen:
Konjunktion: *Sie ging, denn er kam;* **Adverb**: *Sie ging, dann kam er.*

Funktional dienen Adverbien vor allem der näheren Bestimmung anderer Wörter und Wortgruppen: von Nomen (selten), anderen Adverbien, Adjektiven, Verben und ganzen Sätzen:
1. Nomen (Pronomen) ← Adverb: *Das **Wetter** ← heute ist miserabel.*
2. Adverb → Adverb: *Es gefällt mir nicht → **besonders**.*
3. Adverb → Adjektiv: *Es ist sehr → **regnerisch**.*
4. Verb ← Adverb: *Der Regen **fällt** ← kübelweise.*
5. Adverb → Satz: *Draußen → **herrscht eine große Kälte**.*

In **semantischer** Hinsicht geben Adverbien **nähere Umstände** eines Geschehens oder Sachverhalts an (wann, wo, wie und warum etwas geschieht) und werden deswegen auch als „Umstandswörter" bezeichnet.

Adverbien in Sätzen

Vor dem Aufstieg

Das Spiel gestern 1) haben wir nur 3) mühsam gewonnen. Hätte nicht 5) ausgerechnet 1) ein Verteidiger, der zufällig einmal vorn 2) rechts 4) auftauchte, in der zweiten Halbzeit ein Tor geschossen, hätten wir sicherlich 5) verloren. Wir haben leider 5) auch 2) sonst 3) schlecht gespielt. Das ist uns in letzter Zeit bedauerlicherweise 5) öfter 4) passiert. Wir müssen uns also 5) anstrengen, wenn wir den Aufstieg demnächst 4) erreichen wollen. Es rechnet allerdings 5) kaum 1) jemand damit.

(Die Ziffern entsprechen denen im Kasten oben.)

Arten von Adverbien

Die Adverbien lassen sich in bestimmte Klassen unterteilen: in lokale (die man mit *wo, wohin, woher* ... erfragt), die nähere räumliche Beziehungen angeben; in temporale (die man mit *wann, wie lange, seit wann, wie oft* ... erfragt), die nähere zeitliche Beziehungen angeben; in modale (die man in der Regel mit *wie* erfragt), die etwas über Qualitäten oder Quantitäten aussagen; in kausale (die man mit *warum, wieso, weswegen* ... erfragt), die nähere Gründe bezeichnen. Dabei lassen sich die einzelnen Gruppen nicht immer klar voneinander abgrenzen.

	situative und verbindende Adverbien	**fragende Adverbien**
lokale	*hier, dort, links, überall, oben, dort ...*	*wo, wohin, worauf ...*
temporale	*immer, gestern, damals, dann...*	*wann, wonach ...*
modale	*barfuß, so, vielleicht, derart ...*	*wie, wodurch ...*
kausale	*also, folglich, bedauerlicherweise ...*	*warum, weswegen ...*
konditionale	*so, notfalls, sonst ...*	
konzessive	*trotzdem, dennoch, allerdings ...*	
kopulative	*außerdem, ebenso ...*	
spezifizierende	*insofern, freilich ...*	
adversative	*hingegen, jedoch, nicht, stattdessen ...*	
kommentierende	*leider, vielleicht, kaum, immerhin ...*	

Adverbien in einem Argumentationstext

Das Hören lauter Musik

Einerseits höre ich gern laute Musik. Das brauche ich nämlich, weil das mein Lebensgefühl stärkt. Über die Konsequenz, dass das zu Schwerhörigkeit führen könnte, habe ich mir nie Gedanken gemacht. Andererseits hatte ich schon etwas darüber gelesen, dass man sich einem Lärm über 80 Dezibel nicht aussetzen sollte. Trotzdem habe ich meinen MP3-Player weiterhin aufgedreht. Neulich musste ich nun zu einer betriebsärztlichen Untersuchung. Dort wurde leider festgestellt, dass ich bereits einen geringen Hörschaden habe. Glücklicherweise haben meine Werte gerade noch ausgereicht, um im Betrieb, in dem ich mich kürzlich beworben habe, hoffentlich noch angenommen zu werden. Der Hals-Nasen-Ohrenarzt hat mich jedoch gewarnt, weiterhin derart laute Musik zu hören, wie ich es bisher gewohnt war. Das würde höchtswahrscheinlich zu bleibenden Hörschäden führen.

Kommentar:
In einem argumentierenden Text spielen die Adverbien des Abwägens *(einerseits – andererseits)*, des Begründens und Einschränkens *(nämlich, trotzdem, jedoch)*, zudem die temporalen Adverbien des Vorher und Nachher *(schon, neulich, nie, bereits, bisher)* eine große Rolle. Darüber hinaus ist ein argumentativer Text stets mitbestimmt von Adverbien, die den Sachverhalt und die eigene Einstellung dazu kommentieren *(gern, leider, glücklicherweise, hoffentlich)*.

Die Konjunktion

Die Konjunktionen **verbinden** Wortteile, Wörter, Wortgruppen, Satzglieder oder Teilsätze. Sie können selbst niemals (wie die Adverbien) Satzglieder sein und sind demzufolge **nicht umstellbar**.
Man unterscheidet zwei Gruppen von Konjunktionen:
1. nebenordnende Konjunktionen wie *und, sowie, oder, denn ...*
2. unterordnende Konjunktionen (Subjunktionen) wie *als, weil, wenn ...*

Beispielsätze

Bei der An- und Abfahrt bitte Vorsicht!	Verbindung von Wortteilen
Busse und Autos setzen sich in Bewegung.	Verbindung von Wörtern
Sie fahren nach Köln oder nach Bonn.	Verbindung von Satzgliedern
Sie kommen gut durch oder sie geraten in Staus.	Verbindung von Hauptsätzen
Wenn man Glück hat, kommen alle pünktlich an.	Verbindung von Neben- und Hauptsatz

Nebenordnende Konjunktionen

Die nebenordnenden Konjunktionen lassen sich nach folgenden Gruppen ordnen:

1. Anreihende: *und, sowie, sowohl ... als auch, weder ... noch*
2. Alternative: *oder, entweder ... oder, beziehungsweise*
3. Entgegensetzende und einräumende: *sondern, wenn auch, aber, doch ...*
4. Spezifizierende: *außer, beziehungsweise*
5. Begründende: *denn, weil* *
6. Vergleichende: *als, so ... wie*

* Die Konjunktion *weil* kommt (statt *denn)* bisher lediglich in mündlicher Rede als nebenordnende Konjunktion zur nachträglichen Begründung einer Aussage vor:
Jana konnte nicht am Training teilnehmen, weil (denn) sie hatte sich verletzt.

Wörter wie *aber, doch, jedoch* ... stehen auf der Grenze zwischen Adverbien und Konjunktionen. Einerseits sind sie als Adverbien umstellbar, andererseits verdrängen sie in Erststelle nicht das Subjekt. Man nennt sie auch **Konjunktionaladverbien**:
Er sieht sich die Auslagen an, aber er kauft nichts – er kauft aber nichts.

Unterordnende Konjunktionen

Die unterordnenden Konjunktionen leiten Nebensätze ein. Sie geben explizit Auskunft darüber, wie die Gedanken eines Textes miteinander verflochten sind. Sie lassen sich nach folgenden Gruppen ordnen, wobei einige Konjunktionen unterschiedliche Bedeutungen haben können:

1. Neutrale (ohne eigene Bedeutung): *dass, ob*
2. Temporale (Zeit): *als, während, (immer) wenn, sooft, bis, nachdem, bevor ...*
3. Kausale (Begründung): *weil, da, zumal ...*
4. Konditionale (Bedingung): *wenn, falls, sofern ...*
5. Konsekutive (Folge): *sodass, um ... zu, ...*
6. Finale (Zweck, Ziel): *damit, um ... zu, ...*
7. Konzessive (Gegengrund): *obwohl, obgleich, wenngleich, trotzdem ...*
8. Adversative (Entgegensetzung): *während, anstatt, wohingegen ...*
9. Restriktive (Einschränkung): *insofern, außer dass, außer wenn ...*
10. Vergleichende: *als, wie, als dass, je ... desto, ...*

Das Adverb *trotzdem* wird regional und in gesprochener Sprache häufig statt *obwohl* als Konjunktion verwendet:
Jana nahm am Training teil, trotzdem (obwohl) sie sich verletzt hatte.
Andererseits wird die unterordnende Konjunktion *obwohl* (wie auch *weil)* manchmal als nebenordnende verwendet: *Jana nahm am Training teil, obwohl sie hatte sich verletzt.*

Konjunktionen in einem Text

Hungern
Bertolt Brecht

Herr K. hatte anläßlich einer Frage nach dem Vaterland die Antwort gegeben: „Ich kann überall hungern." Nun fragte ihn ein genauer Hörer, woher es komme, daß er sage, er hungere, während er doch in Wirklichkeit zu essen habe. Herr K. rechtfertigte sich, indem er sagte: „Wahrscheinlich wollte ich sagen, ich kann überall leben, wenn ich leben will, wo Hunger herrscht. Ich gebe zu, daß es ein großer Unterschied ist, ob ich selber hungere oder ob ich lebe, wo Hunger herrscht. Aber zu meiner Entschuldigung darf ich wohl anführen, daß für mich leben, wo Hunger herrscht, wenn nicht ebenso schlimm wie hungern, so doch wenigstens sehr schlimm ist. Es wäre ja für andere nicht wichtig, wenn ich Hunger hätte, aber es ist wichtig, daß ich dagegen bin, daß Hunger herrscht."

(aus: Bertolt Brecht: Geschichten vom Herrn Keuner. Frankfurt/Main: © Suhrkamp Verlag 1977)

Kommentar:
Die Konjunktion *während* ist hier in adversativer Bedeutung verwendet; *wenn* markiert eine konditionale Beziehung; *wenn nicht ... so doch* sind konditionale Doppelkonjunktionen; *wie* ist eine vergleichende Konjunktion; *aber* steht beide Male am Satzanfang, könnte aber, wie ein Adverb, in den Satz hinein verschoben werden, was seine Bezeichnung als „Konjunktionaladverb" rechtfertigt. Die Konjunktion *dass* (bei Bertolt Brecht aus urheberrechtlichen Gründen *daß*) ist in diesem Text, wie überhaupt, die am häufigsten gebrauchte Konjunktion.

Die Präposition

Eine Präposition setzt zwei Dinge oder Sachverhalte zueinander in **Beziehung** oder in ein Verhältnis. Man nennt Präpositionen daher auch „Verhältniswörter":
*das **Glas** auf dem **Tisch** – der **Unfall** wegen **Nebels** – **er** wohnt bei **ihnen**.*
Dabei stehen Präpositionen in der Regel vor ihrem Bezugswort (bzw. vor dessen Artikel oder Pronomen). Dieses Bezugswort ist stets ein **Nomen** oder **Pronomen** und steht, je nach Präposition, im Genitiv, Dativ oder Akkusativ. Man spricht auch davon, dass eine Präposition den Kasus „regiert".
Manche Präpositionen können mit dem folgenden Artikel eine Verbindung eingehen:
an dem → am, bei dem → beim, in dem → im, auf das → aufs ...

Präpositionen in Sätzen

Der Ausdruck „Präposition" bedeutet gemäß seinem lateinischen Ursprung das „Vorangestellte". Der Begriff bezieht sich damit auf die Wortstellung. Tatsächlich stehen im Prinzip Präpositionen vor ihrem Beziehungswort. Nur wenige von ihnen können auch nach dem Wort stehen, auf das sie sich beziehen: *seinem lateinischen Ursprung* gemäß.

gemäß: Hier mit Dativ; auch möglich: mit Genitiv: *gemäß seines Ursprungs;*
auf: hier mit Akkusativ;
im: Verbindung von Präposition mit Artikel im Dativ; *vor:* hier mit Dativ;
von: kann nur mit Dativ stehen;
nach: kann nur mit Dativ stehen;

Es sind an die 20 Präpositionen, die häufig auftreten und mit einem Anteil von etwa 90 % aller in Alltagstexten vorkommenden Präpositionen den größten Teil ausmachen: *an, auf, aus, bei, bis, durch, für, gegen, hinter, in, mit, nach, neben, über, um, unter, von, vor, zu, zwischen.*

an: steht hier mit Akkusativ, kann aber auch in anderen Fällen mit dem Dativ stehen;
mit: kann nur mit Dativ stehen;
in: steht hier mit Dativ Plural.

Die übrigen 10 % sind allerdings von einer großen Menge weiterer Präpositionen, die immer wieder neu entstehen, besetzt: *anhand, aufgrund, dank, infolge, mangels, rechts, trotz, wegen, zwecks ...*

Über die 20 häufigsten Präpositionen hinaus gibt es weitere neu gebildete und aus anderen Wortarten stammende, die zum größten Teil den Genitiv regieren: *dank seiner Spende, rechts des Flusses ...*

Präposition und Kasus

Präpositionen regieren den Kasus des folgenden Nomens (Pronomens).
1: Präpositionen nur mit dem Dativ:
aus, bei, mit, nach, seit, von, zu.
2. Präpositionen nur mit dem Akkusativ:
bis, durch, für, gegen, ohne, um.
3. Präpositionen mit Dativ und Akkusativ:
an, auf, hinter, in, neben, über, unter, vor, zwischen.
4. Präpositionen mit dem Genitiv:
angesichts, anstelle, aufgrund, außerhalb, beiderseits, binnen, diesseits, hinsichtlich, infolge, jenseits, links, mangels, oberhalb, rechts, statt, trotz, ungeachtet, während, wegen, zwecks ...

Bei den Präpositionen mit wechselndem Kasus (3) drückt der Dativ stets ein Verbleiben an einem Ort aus (Frage *wo):*
Er fährt mit dem Fahrrad (wo?) *auf dem Schulhof (herum).*
Der Akkusativ kennzeichnet dagegen eine Ortsveränderung (Frage *wohin?):*
Er fährt mit dem Fahrrad (wohin?) *auf den Schulhof (drauf).*

Die Präpositionen *trotz, während, wegen* regieren besonders in der gesprochenen Sprache auch den Dativ:
trotz des Einspruchs – trotz dem Einspruch.
Doch auch in der Standardsprache wird gern der Dativ verwendet, wenn dem Nomen ein Genitivattribut folgt:
trotz des Einspruchs des Vaters – trotz dem Einspruch des Vaters.

Bedeutung der Präpositionen

Die Präpositionen lassen sich gemäß den Verhältnissen, die sie ausdrücken, folgendermaßen einteilen. Dabei können die einen nur zeitliche *(seit)*, örtliche *(links)*, modale *(statt)* oder kausale *(wegen)* Verhältnisse ausdrücken, andere jedoch mehrere verschiedene Verhältnisse:
1: Lokale Präpositionen: *ab, an, auf, aus, außerhalb, bei, bis, durch, entlang, hinter, in, nach, neben, über, unter, von, vor, zu, zwischen ...*
Gläser stehen auf dem Tisch. Ich sehe nach den Kindern. Er kommt aus dem Kino.
2: Temporale Präpositionen: *ab, an, auf, aus, bei, bis, für, gegen, in, mit, nach, seit, über, um, unter, von, vor, während, zu, zwischen ...*
Ich komme auf eine Stunde zu dir. Sie ging nach einer Stunde wieder weg.
3: Modale Präpositionen: *auf, aus, außer, bei, bis, einschließlich, für, gegen, in, nach, ohne, statt, unter, von, zuzüglich ...*
Der Mantel ist aus Leder. Er riecht nach Leder.
4: Kausale Präpositionen: *angesichts, anlässlich, auf, aus, dank, durch, für, infolge, mangels, mit, nach, trotz, über, um, von, vor, wegen, zwecks ...*
Sie macht das aus lauter Freude. Sie fastet auf Anraten des Arztes.
5: Neutrale Präpositionen: Fast alle einfachen Präpositionen, die von einem Verb oder Nomen gefordert werden, haben keine eigene Bedeutung:
*Er **sorgte sich** um die Kranke – bei der **Sorge** um sie ...*

Präpositionale Wortgruppen

Wortgruppen mit Präpositionen lassen sich folgendermaßen gliedern:

1. Präpositionale Attribute (siehe auch Seite 78):

*Der **Topf*** (welcher Topf?) *zum Kochen steht auf dem Tisch.*

2. Adverbiale mit Präpositionen: (siehe auch Seite 72):

*Die beiden **gehen** jede Woche einmal* (wohin?) *zum Kochen.*

3. Präpositionale Objekte (siehe auch Seite 71):

*Sie **verführt** ihn* (wozu?) *zum Kochen.*

4. Funktionsverbgefüge (siehe auch Seite 74):

*Sie **bringt** das Wasser zum Kochen* (= *kocht das Wasser*).

Präpositionen in einem Text

Verwechslung: Bürokratische Parodie

Der zwecks Schulbesuchs dem Bus entstiegene und sich auf dem Weg zum Schulhof befindliche Schüler Jonathan S. sah die Schülerin Laura K., von welcher er annahm, es handle sich um seine beste Freundin, auf den Stufen vor dem Schulgebäude stehen. Als diese lächelte und in ein freundliches Winken ausbrach, wiegte sich Jonathan S. in der Annahme, diese Gesten der Freude richteten sich auf ihn und niemanden sonst. Betreffs dieser Gebärden und bezüglich der Tatsache, dass Laura K. sich nun auch noch in Bewegung setzte und von den Stufen heruntergeflogen kam, breitete Jonathan S. seine Arme aus, um das auf ihn zu fliegende Vögelchen in Empfang zu nehmen. Doch die Schülerin Laura K. flog an ihm vorbei, ohne von ihm die geringste Kenntnis zu nehmen. Als Jonathan S. seinen Kopf nach hinten wandte, bemerkte er, dass Laura K. bereits einem anderen in den Armen lag, der hinter ihm gestanden hatte. Angesichts dieses unerhörten Anblicks und mangels eines anderen Einfalls ließ Jonathan S. nach einigen Schrecksekunden seine Arme wieder in ihre Normallage herabsinken. Er begab sich danach unverzüglich in das Schulgebäude und beschloss, binnen der nächsten Unterrichtsstunden jeglichen Kontakt mit der K. in Abbruch zu bringen.

Kommentar:

Bestimmt ist dieser Erzähltext (siehe auch die Variationen auf den Seiten 28 und 81) von Präpositionen (mit dem Genitiv), wie sie vor allem in der Verwaltungssprache vorkommen: *zwecks, betreffs, bezüglich, angesichts, mangels, binnen.* Gleichermaßen komisch wirken die vielen Funktionsverbgefüge, die ein einfaches Verb wichtigtuerisch zu einem nominalen Ausdruck ausweiten: *sich in der Annahme wiegen* (statt *annehmen*), *sich in Bewegung setzen* (statt *bewegen*), *in Abbruch bringen* (statt *abbrechen*), *in Winken ausbrechen* (statt *winken*), *in Empfang nehmen* (statt *empfangen*).

Die Modalpartikel

Bei den **Modalpartikeln** handelt es sich um eine Gruppe von Wörtern, welche insbesondere die Aussagen in der **gesprochenen** Sprache auf unterschiedliche Weise **abtönen**. Man nennt solche Wörter daher auch „Abtönungspartikeln". Sie beziehen sich in der Regel auf den gesamten Satz und haben darin die Funktion, Aussagen zu bestärken, zu bewerten oder in Frage zu stellen, Erwartungen des Hörers zu steuern oder auch nur Kontakt aufzunehmen. Diese Partikeln entstammen fast alle anderen Wortarten (Adverbien, Adjektiven oder Konjunktionen), haben als Partikeln aber eine andere Funktion und stehen auch an anderer Stelle im Satz.

Modalpartikeln in Sätzen

Wo bist du denn so lange geblieben?
Das ist vielleicht eine Frage!
Was hast du bloß?
Ich bin doch schon da!
Du hast aber versprochen, früher zu kommen.
Das stimmt einfach nicht.
Außerdem hatte der Bus nun mal Verspätung.
Und da konnte ich eben nicht früher da sein.
Dann komm halt in Zukunft, wann du willst!

Die Partikeln *denn, vielleicht, bloß, doch* lassen die Frage und die Reaktionen darauf zum Vorwurf und zur Zurückweisung des Vorwurfs werden. Die Partikel *aber* drückt hier Empörung aus, und *einfach* Verabsolutierung. Bekräftigung des Gesagten kommt durch *nun mal* und *eben* zum Ausdruck. Die Partikel *halt* drückt hier Resignation aus.

Der Bedeutung einer Modalpartikel kann man sich besonders gut dadurch vergewissern, dass man sie entweder weglässt oder paraphrasiert:
Ohne verstärkte Zurückweisung des Vorwurfs: *Ich bin schon da!*
Mit Umschreibung: *Ich bin schon da, mach mir jetzt keinen Vorwurf mehr!*

Liste der Modalpartikeln

aber, allerdings, also, auch, bloß, denn, doch, eben, eigentlich, einfach, etwa, halt, immerhin, ja, jedenfalls, mal, nicht, nur, ruhig, schließlich, schon, sowieso, überhaupt, vielleicht, wohl ...

Modalpartikeln in einem mündlichen Kindertext

Am Weihnachtsabend stand doch auf einmal der Weihnachtsmann in der Tür. Erschrocken habe ich mich ja nicht. Aber ich dachte, was macht der jetzt bloß? Er sah eigentlich ganz nett aus. Dann packte er einfach seinen Sack aus. Ich dachte, lass ihn ruhig machen! Für mich ist sowieso was dabei. Und dann habe ich also einen Kaufmannsladen gekriegt. Da habe ich mich vielleicht gefreut!

Kommentar:
In jedem Satz verwendet das Kind eine Modalpartikel. Denkt man sich die Sätze ohne sie, wird zunächst einmal deutlich, wie viel weniger emotional alles klingt. Es ist vor allem das Erstaunen, das mit diesen Modalpartikeln zum Ausdruck kommt *(doch, bloß, einfach, also, vielleicht)*. An einigen Sätzen wird aber auch deutlich, dass der kleine Erzähler Erwartungen des Hörers in seine Sätze einbezieht *(ja, eigentlich, ruhig, sowieso)*, als wollte er sagen: Ich weiß, dass du etwas anderes gedacht hast!

Die Wortarten in einem Text

In einem normalen Text kommen in der Regel alle Wortarten vor. Das ist selbst in Sprichwörtern oft der Fall: *Behüte mich Gott vor falschen Freunden, denn mit den Feinden werde ich schon allein fertig.* Also: Verb, Reflexivpronomen, Nomen, Präposition, Adjektiv, Nomen, Konjunktion, Präposition, Artikel, Nomen, Verb, Personalpronomen, Adverb, Adverb, Adjektiv.
In Gedichten aber ist die Verteilung der Wortarten manchmal völlig anders. Das folgende Gedicht ist zum Beispiel bestimmt von Nomen, Pronomen und Adjektiven. Dass nur eine einzige Konjunktion vorkommt, stellt in einem Text dieser Länge eine Besonderheit dar. Das Auffälligste aber: Es fehlen gänzlich die Verben. Ein sehr „verdichteter", anrührender Text!

Adverb Artikel Nomen
Vorname Nachname

Adverb Artikel Nomen.
Adjektiv Artikel Nomen,
Adjektiv,
Präposition Nomen,
Artikel Nomen.

Präposition Personalpronomen,
lautnachahmendes Wort,
Artikel Nomen,
Possessivpronomen Nomen
Präposition Artikel Nomen.

Indefinitpronomen.
Indefinitpronomen Adverb.

Adjektiv Artikel Nomen,
Adjektiv Artikel Nomen
Konjunktion Adjektiv
Artikel Nomen.

Draußen die Düne
Arno Holz

Draußen die Düne.
Einsam das Haus,
eintönig,
ans Fenster,
der Regen.

Hinter mir,
tictac,
eine Uhr,
meine Stirn
gegen die Scheibe.

Nichts.
Alles vorbei.

Grau der Himmel,
grau die See
und grau
das Herz.

*(aus: Arno Holz: Phantasus.
Stuttgart: Reclam 1968, S. 49)*

Der Satz

Wenn wir sprechen, sprechen wir in Sätzen. Wir sprechen nicht immer in ganzen Sätzen, wir machen manchmal Pausen, wir korrigieren uns, die Aussprache ist mehr oder weniger deutlich, und auch mit der Grammatik nehmen wir es nicht immer so ganz genau. Doch wir reihen nicht einfach Wörter aneinander, sondern beziehen sie in Sätzen aufeinander.
Wenn wir schreiben, haben wir in der Regel mehr Zeit als beim Sprechen. Wir überlegen genauer, was und wie wir schreiben sollen. Wir verwenden die Grammatik der Standardsprache und achten auf die Orthografie und Interpunktion. Die Sätze sind präziser als beim Sprechen, und der Zusammenhang der Sätze ist in der Regel gut überlegt.

Die Satzglieder

Überblick über die Satzglieder

Satzglieder des Deutschen sind in einem Satz wie
Der Vater schenkte neulich seinem Sohn einen neuen Rechner zum Geburtstag:

Das Subjekt:	*Der Vater*
Das Prädikat:	*schenkte*
Die Objekte:	*seinem Sohn / einen neuen Rechner*
Die Adverbiale:	*neulich / zum Geburtstag*

Die Umstellprobe

Nähme man die einzelnen Wörter eines Satzes als getrennte Einheiten, müsste man mit ihnen zunächst einen **Satz** bilden, an dem man die Umstellproben durchführen könnte.

VATER SOHN GEBURTSTAG RECHNER SCHENKTE DER SEINEM EINEN NEUEN ZUM NEULICH

Ein Solcher Satz könnte lauten:
a) Der Sohn schenkte seinem Vater zum Geburtstag neulich einen neuen Rechner.
Er könnte auch lauten:
b) Der Sohn schenkte seinem neuen Vater zum Geburtstag neulich einen Rechner.
Oder unsinnig:
c) Der Rechner schenkte seinem Vater zum Geburtstag neulich einen neuen Sohn.
Ausgangspunkt für Umstellproben ist immer ein bestimmter Satz, der sich in seinem **Gesamtsinn** bei allen Verschiebungen seiner Teile dann nicht mehr verändern darf.

Von der Umstellprobe zu Satzgliedern

Die Satzglieder ermittelt man in einem Satz durch **Umstellproben**. Jede Teileinheit eines Satzes, die sich ohne Veränderung des Satzsinnes im Zusammenhang an den **Satzanfang** verschieben oder **umstellen** lässt, nennt man **Satzglied**. Ein Satzglied kann aus einem einzigen Wort oder aus einer Wortgruppe bestehen:

*Der Vater | **schenkte** | neulich | seinem Sohn | einen neuen Rechner | zum Geburtstag |*
*Zum Geburtstag | **schenkte** | der Vater | neulich | seinem Sohn | einen neuen Rechner |*
*Seinem Sohn | **schenkte** | der Vater | neulich | zum Geburtstag | einen neuen Rechner |*
*Einen neuen Rechner | **schenkte** | der Vater | neulich | zum Geburtstag | seinem Sohn |*

Bei allen diesen Umstellungen verändert sich der **Gesamtsinn** des Satzes zwar nicht, doch es kommt zu unterschiedlichen **Akzentuierungen** und **Betonungen** einzelner Satzglieder.

Bei Umstellproben wird deutlich, dass das Subjekt und das Prädikat **Sonderstellungen** einnehmen. In einem Hauptsatz bleibt das **Prädikat** stets an **zweiter** Stelle. Das *Subjekt* steht **vor** oder **nach** dem Prädikat. Alle anderen Stellungen wären hochgradig markiert, also außergewöhnlich, und kommen nur unter besonderen textuellen Bedingungen vor, wie etwa in lyrischen Texten der Reime wegen:

*Der Vater **sich** etwas Besonderes **ausdenkt**:*
*Seinem Sohn | zum Geburtstag | er | einen neuen Rechner | **schenkt**. |*

Bestimmte Formen von Sätzen verlangen allerdings andere Satzgliedstellungen und führen zu Verschiebungen des Prädikats an die Erst- oder Letztstelle:

Fragesatz: *Schenkte | der Vater | seinem Sohn | neulich | zum Geburtstag | einen Rechner?*
Nebensatz: *..., weil | der Vater | neulich | seinem Sohn | zum Geburtstag | einen Rechner | schenkte.*

Das Prädikat

Das Prädikat bildet den **Kern** eines Satzes, in dessen Mittelpunkt ein finites Verb steht. Aufgrund der **Valenz** des Verbs (siehe dort) fordert es zumindest ein weiteres Satzglied zur Vervollständigung eines Satzes heraus, in den meisten Fällen ein Subjekt:
Es *regnet*. ***Der Regen*** *rauscht*. ***Er*** *wässert die Pflanzen*. Ohne Subjekt: *Ihnen wird geholfen*.

Das Prädikat kann aus einem einzelnen Verb bestehen, aus einer Wortgruppe, die aus finitem Verb und infiniter Verbform besteht, oder aus einem Verb mit Verbzusatz. So können Sätze entstehen wie:

Prädikat aus einem Verb:	*Es regnet.*
Prädikat aus finitem Verb und infiniter Form:	*Gestern hat es geregnet.*
Prädikat aus Verb und Verbzusatz:	*Der Regen tobte sich aus.*

Da zwei Teile des Prädikats oftmals weit voneinander entfernt stehen und den Satz „umklammern", spricht man in solchen Fällen von einer **Prädikatsklammer**:

Gestern tobte sich der Regen den ganzen Tag über mit aller Heftigkeit aus.

Die schreckliche deutsche Sprache

Die Probleme, die ein Amerikaner mit der Prädikatsklammer hat, hat Mark Twain in seinem Aufsatz *Die schreckliche deutsche Sprache* einmal wie folgt gegeißelt:
„Die Deutschen haben ... eine Art von Parenthese, die sie bilden, indem sie ein Verb in zwei Teile spalten und die eine Hälfte an den Anfang eines aufregenden Absatzes stellen und die andere Hälfte an das Ende. Kann sich jemand etwas Verwirrenderes vorstellen? Diese Dinger werden ‚trennbare Verben' genannt. Die deutsche Grammatik ist übersät von trennbaren Verben wie von den Blasen eines Ausschlags; und je weiter die beiden Teile auseinandergezogen sind, desto zufriedener ist der Urheber des Verbrechens mit seinem Werk."
Mark Twain führt dann einen wahrhaft gigantischen Satz mit dem Verb *Er reiste ... (nach vielen Nebensätzen) ... ab* auf, den wir hier aus Platzgründen nicht zitieren können. In einem anderen Beispiel, das wir hier in deutscher Sprache sinngemäß wiedergeben, schreibt er:
Wenn der Deutsche einen Satz bildet, so taucht er, einen langen, dunklen Tunnel durchirrend, erst am Ende verwirrender Gänge glücklich mit dem zweiten Teil des trennbaren Verbs im Munde wieder auf.

(aus: Mark Twain: Die schreckliche deutsche Sprache. Löhrbach: Der Grüne Zweig 170 o. J.)

Das Subjekt

Das Subjekt eines Satzes ist durch folgende Merkmale gekennzeichnet:

Nominalität:

Den Mittelpunkt eines Subjekts bildet ein Nomen oder ein Pronomen im Nominativ:
Alle Gäste | freuen sich auf die Party. Sie | sind sehr gespannt darauf.

Kongruenz mit dem Prädikat:

Das Subjekt stimmt mit dem finiten Verb des Prädikats in Numerus und Person überein (Kongruenz). Diese Merkmale kommen an den Endungen des Verbs zum Ausdruck:
Ich freue mich auf dich. Er freut sich auf sie. Sie freuen sich auf den Geburtstag.

Stellung im Hauptsatz:

Das Subjekt steht in Normalstellung in unmittelbarer Nähe zum Prädikat, davor oder danach:
Sie fuhr gestern nach Köln. – Gestern fuhr sie nach Köln.

Bedeutung:

An Subjektstelle steht in der Regel eine Größe, von der eine Handlung oder ein Geschehen ausgeht. Man nennt diese Größe **Agens**:
Der Lehrer → *lobt die Schülerin. Der Schlaf* → *überfiel sie.*

Wer- oder Was-Probe:

Erfragt werden kann das Subjekt in der Regel durch die Frage *wer* oder *was* – im Zusammenhang mit dem Prädikat:
Wer *lobt die Schülerin?* → *der Lehrer.* Wer oder was *überfiel sie?* → *der Schlaf.*

Das Subjekt als Subjektsatz:

Subjekt kann auch ein Nebensatz oder eine Infinitivgruppe sein (siehe Seite 86):
Was ist nicht möglich? *Das zu verstehen, ist mir nicht möglich.*

Das Subjekt *es*

Es als Stellvertreter:

Hier vertritt ein ***es*** ein vorher genanntes Nomen im Neutrum:
Das Kind weinte. Es fühlte sich einsam.

Es als formales Subjekt:

Hier hat das Subjekt ***es*** keine eigene Bedeutung. Der Satz bedarf jedoch eines Subjekts:
Es regnet. Es schneit.

Es als Platzhalter:

Hier ist das eigentliche Subjekt, das besonders akzentuiert werden soll, an das Satzende verschoben und ein zweites Mal als Platzhalter vor das Prädikat gestellt:
Es lebte in einem großen Reich ein König.
Dieses ***es*** kann auch auf einen ganzen Nebensatz verweisen, der dem Satz folgt:
Es ist schon merkwürdig, dass Menschen so etwas tun.
Das Pronomen ***es*** entfällt jedoch, wenn das eigentliche Subjekt vor das Prädikat gestellt wird:
Ein König lebte in einem großen Reich.
Dass Menschen so etwas tun, ist schon merkwürdig.

Wer oder was ist hier das Subjekt?

In manchen Schlagzeilen und Annoncen sind die Subjekte so gut versteckt, dass es zu ungewollt humorigen Formulierungen kommt:

Panik unter der Bevölkerung löst Vulkanausbruch aus
Autoknacker hielten in der Königstraße zwei Zeitungsjungen vom Diebstahl ab
Auto von Opa sucht Lehrling zu kaufen

In Fällen, in denen das Subjekt nicht an Erststelle des Satzes steht, gibt auch die Kongruenz von Subjekt und Prädikat nicht zu erkennen, was das Subjekt ist, wenn die Akkusativobjekte von den Subjekten nicht zu unterscheiden sind. Hier helfen nur noch, nachdem man für einen Augenblick lang irritiert hingeschaut hat, der gesunde Menschenverstand und die Lebenserfahrungen, die nach den möglichen „Tätern" fragen, die im Normalfall über Subjekte Auskunft geben: *Wer löst hier was aus? Wer hielt wen fest? Wer sucht hier was?* Aus der Antwort auf diese Fragen erfährt man dann, dass die Verfasser solcher Sätze die vorausgestellten Objekte mit besonderer Betonung gesprochen wissen wollen. Aber wer liest mit den Augen betonend?

Der Gleichsetzungsnominativ

In Sätzen mit den Verben *sein, werden, bleiben* kommt oftmals eine weiteres Satzglied im Nominativ vor:
a) *Tobi und Lobi sind **Schmied**.*
b) *Ina und Tina wollen **Stewardess** werden.*
c) *Vorerst bleibt aber der Schulabschluss für alle **ein Ziel**.*

Unterscheiden kann man ein *Subjekt* von einem ***Gleichsetzungsnominativ*** an folgenden Merkmalen:

Kongruenz:

Dasjenige Satzglied, das mit dem Verb kongruent ist (also in Singular oder Plural übereinstimmt), ist das Subjekt. Das andere der Gleichsetzungsnominativ. In den Sätzen a) und b) sind aufgrund der Prädikate *sind, wollen ... werden* die unterstrichenen Satzglieder die Subjekte, die markierten die Gleichsetzungsnominative.

Wer- oder Was-Probe:

Das Subjekt wird in der Regel mit *wer* oder *was* erfragt, der Gleichsetzungsnominativ nur mit *was:*
(wer oder was?) *Ina und Tina wollen* (was?) ***Stewardess** werden.*

Bedeutung:

Das Subjekt bezeichnet in der Regel etwas Konkretes, der Gleichsetzungsnominativ etwas Allgemeines. Die Berufs- und Schulbezeichnungen sind allgemeiner als die konkreten Namen; *Schulabschluss* ist konkreter als *Ziel.* Das wird auch dadurch deutlich, dass das Subjekt zumeist mit dem bestimmten Artikel verwendet wird, der Gleichsetzungsnominativ aber mit dem unbestimmten Artikel:
Der Schulabschluss bleibt ein Ziel.

Stellung:

In der Regel kann man davon ausgehen, dass das Subjekt vor dem Prädikat steht, der Gleichsetzungsnominativ danach. Das trifft auch auf den Satz c) zu, bei dem beide Satzglieder im Singular stehen. Auch an Erststelle bleibt durch die Merkmale Kongruenz und Bedeutung klar, welches Satzglied das Subjekt ist:
***Stewardess** wollen Ina und Tina werden. **Ein Ziel** bleibt der Schulabschluss.*

Die Objekte

Das Akkusativ-Objekt

Das Akkusativ-Objekt ist in der Regel eine Ergänzung eines transitiven Verbs (siehe Seite 17).
Es ist durch folgende Merkmale bestimmt:

Nominalität:

Den Mittelpunkt dieses Objektes bildet ein Nomen oder Pronomen im Akkusativ:
Sie unterstützt / ihren Bruder. Sie unterstützt / ihn.

Stellung im Satz:

Das Akkusativ-Objekt steht im unmarkierten Satz mit Normalstellung nach dem finiten Verb, in der Regel am Ende des Satzes bzw. vor dessen infiniten Verbteil:
Er brachte gestern mit einiger Verspätung in die Bibliothek das ausgeliehene Buch zurück.
Besteht das Objekt nur aus einem Pronomen, steht es vor den anderen Satzgliedern:
Er brachte es gestern mit einiger Verspätung in die Bibliothek zurück.

Bedeutung:

Die Bedeutungsrolle, die das Akkusativ-Objekt einnimmt, ist im weitesten Sinne eine von einer Handlung betroffene Person oder Sache:
Der Pfeil trifft → die Scheibe. Der Lehrer lobt → die Schülerin.

Wen- oder Was-Probe:

Erfragt werden kann das Akkusativ-Objekt mit der Frage *wen* oder *was:*
Wen oder was *trifft der Pfeil?* → *Die Scheibe trifft der Pfeil.*

Das Akkusativ-Objekt als Objektsatz:

Ein Akkusativ-Objekt kann auch ein Nebensatz sein:
Ich sah, (wen oder was?) *dass sie lächelte. Ich wusste nicht,* (was?) *was das bedeutete.*

Das Dativ-Objekt

Das Dativ-Objekt ist in der Regel eine Ergänzung eines transitiven Verbs (siehe Seite 17).
Es ist durch folgende Merkmale bestimmt:

Nominalität:

Den Mittelpunkt des Dativ-Objekts bildet ein Nomen oder Pronomen im Dativ:
Ich soll | diesem Faulpelz | auch noch helfen? Das kommt | ihm | nicht zu.

Stellung im Satz:

Das Dativ-Objekt steht nach dem finiten Verb und im Normalfall vor dem Akkusativ-Objekt:
Sie schenkte ihrem Bruder ein Buch.

Bedeutung:

Die Bedeutungsrollen, die das Dativ-Objekt einnimmt, sind im weitesten Sinne die von betroffenen, nutznießenden, rezipierenden Personen:
Das Buch gefiel → dem Mädchen nicht. Sie brachte es → dem Buchhändler zurück.

Wem-Probe:

Erfragt werden kann das Dativ-Objekt mit der Frage *wem:*
Wem *kann nicht geholfen werden? → Ihr kann nicht geholfen werden.*

Das Dativ-Objekt als Objektsatz:

Ein Dativ-Objekt kann auch ein Nebensatz sein:
Sie half stets, (wem?) *wem sie nur helfen konnte.*

Das präpositionale Objekt

Das präpositionale Objekt ist eine Ergänzung eines Verbs, an das eine bestimmte Präposition gebunden ist. Seine Merkmale sind:

Nominalität:

Wie in allen Objekten steht auch hier im Mittelpunkt ein Nomen oder Pronomen:
Er kümmert sich | um seine Eltern. Er kümmert sich | um sie.

Präpositionale Bestimmtheit:

Anders als andere Objekte wird diese Art von Objekt mit einer Präposition eingeleitet:
Die verlassen sich | auf ihren Sohn.
Die Präposition eines solchen Objektes ist vom Verb bestimmt und daher innerhalb eines präpositionalen Objektes so gut wie nie durch eine andere austauschbar. Häufig verwendete Verben mit einer festen Bindung an eine Präposition sind u. a.:
aufpassen auf, sich begnügen mit, sich kümmern um, beitragen zu, eintreten für, sich konzentrieren auf, sich rächen an, sich verlieben in, sich erinnern an, verstoßen gegen, warten auf, zweifeln an …

Frageprobe mit Präposition:

Präpositionale Objekte antworten stets auf eine Frage, in der eine Präposition enthalten ist:
Sie verliebte sich | (in wen?) *in Jean. Sie wartet |* (auf wen?) *auf Jean.*
Adverbiale (siehe dort), die auch mit einer Präposition gebildet sind, können dagegen zumeist mit einem einfachen Fragepronomen erfragt werden:
Sie verliebte sich | (wo?) *in Paris. Sie wartet |* (wo?) *auf dem Bahnsteig.*

Präpositionales Objekt als Objektsatz:

Ein präpositionales Objekt kann auch ein Nebensatz sein:
Er erkundigte sich, (wonach?) *welchen Film ich gestern gesehen habe.*

Das Genitiv-Objekt

Nur noch wenige Verben erfordern ein Genitiv-Objekt. Die meisten von ihnen sind reflexive Verben wie *sich rühmen, sich annehmen, sich enthalten, sich entledigen, sich bedienen, sich bemächtigen, sich schämen* ... und *gedenken, erinnern* ...
Genitiv-Objekte kommen vor allem in stehenden Wendungen oder Redewendungen vor wie:
Er besinnt sich eines Besseren. Das spottet jeder Beschreibung.

Das Genitiv-Objekt als Objektsatz:

Das Genitiv-Objekt kann auch ein Nebensatz sein:
Sie rühmten sich, (wessen?) *dass sie den Sieg so schwer erkämpft hatten.*

Objekt oder Attribut:

Im Unterschied zu den weitaus häufigeren Genitiv-Attributen, die von Nomen abhängig sind, sind die Genitiv-Objekte, wie alle Objekte, von Verben abhängig. Man kann sie also nur im Zusammenhang mit dem Prädikat erfragen:
Wessen *rühmte er sich?* → *Seiner Taten rühmte er sich.*
Ein Genitiv-Attribut dagegen erfragt man im Zusammenhang mit einem Nomen:
Wessen *Hund ist verschwunden?* → *Der Hund unseres Nachbarn ist verschwunden.*

Prädikate mit unterschiedlichen Objekten

Auf folgende Verben folgen Objekte

- mit **Akkusativobjekt**:
  Ich baue (etwas), beeindrucke (jemanden), bekämpfe, belästige, belausche, benutze, beruhige, beschuldige, erlerne, erlöse, ermutige, gewinne, gliedere, grüße, hasse, langweile, liebe, lobe, sage, schäle, schreibe, teile, verdächtige, verlängere, verschenke, verschicke, vertreibe, zerbreche, zerreiße, zerschneide ...
- mit **Dativobjekt**:
  Ich applaudiere (jemandem), auflauern, ausweichen, danken, dienen, drohen, entkommen, fehlen, folgen, gehorchen, gehören, gratulieren, helfen, kündigen, misstrauen, nachgeben, trauen, unterliegen, vertrauen, verzeihen, widersprechen, zuhören, zuwinken ...
- mit **Genitivobjekt**:
  Ich bediene mich (einer Sache), bedürfen, bemächtigen, entledigen, erwehren, gedenken, rühmen, vergewissern ...
- mit **präpositionalem Objekt**:
  Ich achte (auf etwas/jemanden), abhängen von, anfangen mit, angeben mit, appellieren an, aufhören mit, beginnen mit, beitragen zu, berichten über, denken an, flehen um, prahlen mit, protestieren gegen, sich anlegen mit, sich bedanken für, sich bemühen um, sich beschränken auf, sich beschweren über, sich einsetzen für, sich interessieren für, sich kümmern um, sich rächen an, streben nach, verzichten auf, weinen über, zweifeln an ...

Die Adverbiale

Adverbiale unterscheiden sich von den Objekten dadurch, dass sie bis auf wenige Ausnahmen nicht von der Valenz eines Verbs (siehe dort) abhängig sind, sondern freie und **weglassbare Angaben** darstellen:
Sie fährt / (weglassbar:) *in die Stadt*. *Sie begibt sich* / (nicht weglassbar:) *in die Stadt*.

Adverbialität:

Der Begriff „Adverbial“ verdankt seinen Namen der Wortart Adverb. Tatsächlich stehen im Mittelpunkt von Adverbialen oftmals Adverbien:
Sie fuhr / dorthin. Er fand sie / nirgends. Das Auto stand / links.
Doch Adverbiale können auch aus Adjektiven oder präpositionalen Ausdrücken mit Nomen bestehen:
Sie Auto fährt sich / gut. Sie fährt damit / in die Ferien.

Stellung im Satz:

Ein Kennzeichen der Adverbiale ist, dass sie im Satz freier und vielfältiger verschiebbar sind als Objekte. Sie nehmen zwar im unmarkierten Normalsatz eine feste Stellung ein, doch in Textzusammenhängen können sie die vielfältigsten Stellungen einnehmen.

Bedeutung, Unterarten, Frageproben:

Adverbiale geben die näheren Umstände von Vorgängen, Handlungen und Zuständen an:
Ich bin / *wegen des Vorfalls* (Grund) | *gestern* (Zeit) | *aufgeregt* (Art) | *zu ihr* (Ort) | *gefahren.*
Man unterscheidet vier Unterarten von Adverbialen:
temporale (der Zeit): *damals* (wann?), *eine Zeit lang* (wie lange?), *seit gestern* (seit wann?)
lokale (des Ortes): *dort* (wo?), *von hier aus* (von wo?), *zum Bäcker* (wohin?)
modale (der Art und Weise): *gern* (wie?), *aus Silber* (woraus?), *mit der Zange* (womit?)
kausale (des Grundes): *aus Liebe* (warum?), *zur Erholung* (wozu?), *trotzdem* (warum nicht?)

Das Adverbial als Adverbialsatz:

Ein Adverbial kann auch ein Nebensatz sein:
Ich fuhr, (warum?) *weil ich den Vorfall klären wollte,* (wann?) *als es dunkel war, zu ihr* (wohin?).

Kausale Adverbiale

Die kausalen Adverbiale stellen eine differenzierte Gruppe von logischen und psychologischen Begründungsangaben dar. Sie können in Form von adverbialen Satzgliedern und adverbialen Nebensätzen vorkommen:

Kausal (Begründung):
Wegen des Unwetters fiel das Spiel aus.
Weil (da) ein Unwetter drohte, fiel das Spiel aus.

Konditional (Bedingung):
Bei Unwetter fällt das Spiel aus.
Falls (wenn) ein Unwetter droht, fällt das Spiel aus.

Konsekutiv (Folge):
Zur Zufriedenheit des Trainers gaben alle ihr Bestes.
Alle gaben ihr Bestes, sodass der Trainer zufrieden war.

Final (Zweck, Ziel, Absicht):
Zwecks (zum Zweck) eines Arztbesuchs fuhr er in die Stadt.
Damit er den Arzt aufsuchen konnte, fuhr er in die Stadt.
Um den Arzt aufzusuchen, fuhr er in die Stadt.

Konzessiv (Gegengrund):
Trotz Krankheit nahm er am Training teil.
Obwohl (wiewohl) er krank war, nahm er am Training teil.

Objekt oder Adverbial?

Zwischen präpositionalen Objekten und Adverbialen bestehen jedoch nicht immer klare Grenzen. Das wird an einem Satz wie dem folgenden deutlich:
Der Prinz floh mit der Prinzessin vor seinen Feinden zu seinen Freunden auf eine Burg.
Vier Satzglieder mit Präpositionen. Welches aber ist das präpositionale Objekt? Die Frageprobe bringt hier nicht recht weiter:
Er floh – (mit wem?) *Prinzessin* – (vor wem?) *Feinden* – (zu wem?) *Freunden* – (wohin?) *Burg.*
Dreimal fragen wir mit Präposition. Nur eines der Satzglieder kann aber ein präpositionales Objekt sein, denn mehr als eines kann von einem Verb nicht gefordert werden. Welche Präposition ist also besonders fest an das Verb gebunden und nicht austauschbar? Sicher die Präposition *vor: fliehen vor etwas oder vor jemandem.* Die Frageprobe könnte dann auch so aussehen:
Er floh – (womit?) *mit der Prinzessin* – (vor wem?) *vor seinen Feinden* – (wohin?) *zu seinen Freunden* – (wohin?) *auf eine Burg.*

Funktionsverbgefüge

Es gibt Satzteile, die aussehen wie Objekte oder Adverbiale und dennoch keine sind, da man sie nicht sinnvoll mit Satzgliedfragen ermitteln kann:
Er bleibt in Bewegung – Er verschafft sich Bewegung (nicht sinnvoll: *wo? in was? wen oder was?).*
Solche Fügungen nennt man **Funktionsverbgefüge**. Sie sind Umformungen eines **Verbs** in eine **nominalisierte Form** zum Zwecke der **Bedeutungsverstärkung** und stärkeren Betonung des Verbinhalts:

Er bewegt sich. → Er bleibt in Bewegung. – Er verschafft sich Bewegung.
Umgekehrt lassen sich Funktionsverbgefüge zurückformen in Gefüge ohne Nomen:
in Bewegung bleiben – sich Bewegung verschaffen → sich bewegen.

In der folgenden Tabelle sind Sätze mit echten Satzgliedern solche mit Funktionsverbgefügen gegenübergestellt:

Objekte	Adverbiale	Präpositionale Objekte	Funktionsverbgefüge
Sie brachte ihr Theaterstück (wem?) *der Intendantin.*	*Sie brachte ihr Theaterstück* (wohin?) *zur Intendantin.*	*Sie brachte es in ihrer Karriere* (wozu? zu was?) *bis zur Intendantin.*	*Sie brachte ihr Theaterstück zur Aufführung.* → *führte es auf.*
Das kommt (wem?) *ihr gelegen.*	*Er kommt* (wohin?) *zur Party.*	*Er kommt endlich* (zu was?) *zur Sache.*	*Die Regel kommt zur Anwendung.* → *wird angewendet.*
Er steht (was?) *die Sache durch.*	*Sie steht* (wo?) *unter dem Baum.*	*Sie steht* (zu wem?) *zu ihm.*	*Er steht unter Beobachtung.* → *wird beobachtet.*
Alles geriet (wem?) *ihr.*	*Sie geriet* (wohin?) *in eine Höhle.*	*Sie geriet* (an wen?) *an den Falschen.*	*Sie geriet in Verzweiflung.* → *sie verzweifelte.*

Häufig gebrauchte Funktionsverbgefüge sind:
zur Anwendung kommen (anwenden), zum Abschluss bringen (abschließen), Zurückhaltung üben (sich zurückhalten), Abschied nehmen (sich verabschieden), Unterstützung finden (unterstützt werden), Anerkennung genießen (anerkannt werden), in Umlauf bringen (vertreiben), in Verlegenheit geraten (verlegen werden), in Verbindung bleiben (voneinander hören lassen), etwas auf den Punkt bringen (präzisieren) ...

Satzglieder in einem Text

In einem Alltagstext kann das gesamte Repertoire der Satzglieder vorkommen. Einige davon sind hier *kursiv* gedruckt und erläutert:

Mauersegler

Mauersegler übertreffen *mit ihren Flugkünsten und ihrer Ausdauer* 1) *alle anderen Vögel* 2) *bei Weitem* 3). Verwechselt werden sie *oftmals* 4) *mit Schwalben* 5). Diese gehören aber *zu den Singvögeln* 6). Mauersegler hingegen gehören *zur Familie der Segler* 7). Diese Dauerflieger verbringen *ihr ganzes Leben* 8) *in der Luft* 9). Dort fressen sie, *was an Insekten herumfliegt* 10). Dort schlafen sie auch. Selbst Mauersegler-Sex ist *eine regelrechte Luftnummer* 11). Nur zum Brüten suchen diese Flugkünstler *festen Grund* 12) auf. Sie nisten meist *in Mauernischen* 13). *Wenn die Jungen flügge sind* 14), heben sie ab. Sie verbringen zwei bis drei Jahre in der Luft. Danach bauen sie ein Nest. Die Füße des Mauerseglers sind verkümmert. Er kann nicht *von Ast zu Ast* 15) hüpfen. Laien haben einige Legenden über diesen Vogel *in Umlauf gebracht* 16). *Dass ein am Boden gelandeter Mauersegler nicht aus eigener Kraft wieder starten könne* 17), ist *ein solches Märchen* 18).

Kommentar:
1) Adverbial (kausal), 2) Akkusativ-Objekt, 3) Adverbial (modal), 4) Adverbial (temporal), 5), 6) und 7) präpositionale Objekte, 8) Akkusativ-Objekt, 9) Adverbial (lokal), 10) Objektsatz (Akkusativ), 11) Gleichsetzungsnominativ (unbestimmter Artikel!), 12) Akkusativ-Objekt, 13) Adverbial (lokal), 14) Adverbialsatz (temporal), 15) Adverbial (lokal), 16) Funktionsverbgefüge *in Umlauf bringen (→ verbreiten)*, 17) Subjektsatz, 18) Gleichsetzungsnominativ (unbestimmter Artikel!).

Die Stellung der Satzglieder im Satz

In kontextfreien Sätzen gibt es so etwas wie eine unmarkierte (normale) Reihenfolge der Satzglieder. Eingeleitet wird ein Satz in der Regel mit dem **Subjekt**. Es folgt der **finite** Teil des **Prädikats**, dessen **Infinitum** am **Ende** den Satz einrahmt. Auf das Prädikat folgen die **Adverbialglieder,** die in der Regel vor den Objekten stehen, und zwar zumeist in der Reihenfolge **Zeit** vor **Ort** vor **Art und Weise** bzw. **Grund**. Danach folgen die **Objekte**: **Dativ** vor **Akkusativ**. Entsprechend sähe ein Satz wie folgt aus:

Subjekt	**Prädikat**	**Zeit**	**Ort**	**Grund**	**Dativ**	**Akkusativ**
Er	*schenkte*	*kürzlich*	*auf dem Reiterhof*	*aus Dankbarkeit*	*der Tochter*	*sein Reitpferd.*

Von dieser Reihenfolge gibt es im Deutschen, anders als etwa im Englischen, mancherlei Abweichungen. Die Satzglieder können nämlich umgestellt werden. Für veränderte Reihenfolgen gibt es zwei Gründe, – wenn wir davon absehen, dass vor allem in Gedichten die Satzgliedfolge auch von Rhythmus und Reim bestimmt ist:
1. Die Akzentuierung von Satzgliedern im Hinblick auf ihren Informationsgehalt.
2. Die emotionale Hervorhebung bestimmter Satzglieder.

Thema-Rhema-Folge der Satzglieder

Stellt man sich zu dem Satz im Kasten oben folgenden vorausgehenden Satz vor:
a) Der Vater wollte unbedingt einmal etwas Gutes tun. ...
dann würde es im Anschluss daran wohl heißen:
Kürzlich | schenkte | er | auf dem Reiterhof | aus Dankbarkeit | der Tochter | sein Reitpferd |.

Stellt man sich aber folgenden vorausgehenden Satz vor:
b) Eigentlich sollte das Pferd sein Sohn erhalten. ...
dann würde es eher heißen: *Doch ...*
aus Dankbarkeit | schenkte | er | kürzlich | auf dem Reiterhof | sein Reitpferd | der Tochter |.

In einem Text richtet sich die Reihenfolge der Satzglieder nach dem wachsenden Informationswert. Vor dem Verb steht dasjenige Satzglied, das an etwas *Bekanntes*, an eine vorher erwähnte Information anknüpft. Am Ende des Satzes steht dasjenige Satzglied, das etwas bisher **Unbekanntes** enthält und die wichtigste Information (im Verhältnis zum vorausgehenden Text) besitzt.

Thema heißt dasjenige Satzglied, das in der Regel im Vorfeld eines Satzes steht und an etwas Bekanntes anknüpft.

Rhema heißt dasjenige Satzglied, das in der Regel im Nachfeld eines Satzes steht und die wichtigste Information enthält.

Die Folge der Satzglieder in Sätzen eines Textes

Die Mäuse und die Katzen

Nach Äsop

Die Mäuse führten wieder einmal gegen die Katzen **Krieg**.
← Dabei erlitten sie wie gewöhnlich **eine Niederlage**.
Also versammelten sie sich **zu einer Beratung**.
← Hierbei kamen sie **zu folgendem Ergebnis**:
Die Niederlage hätten sie nur **wegen ihrer Uneinigkeit** einstecken müssen.
← Darum erwählten sie einige aus ihrer Mitte **zu Feldherren**.
← Diese sollten sich von den übrigen Mäusen deutlich **unterscheiden**.
Also setzten sich die Feldherren auf ihre Köpfe **große Hörner**.
← Damit wollten sie den Katzen **Furcht einjagen**.
Wenig später führten sie gegen die Katzen **eine weitere Schlacht**.
← Diese haben sie natürlich auch wieder **verloren**.
Die Mäuse verschwanden **in ihre Löcher**,
die Feldherren passten jedoch wegen der großen Hörner **nicht hinein**.
← Also wurden sie von den Katzen **genüsslich verspeist**.

Meistens steht in dieser Fabel am Anfang eines Satzes ein Satzglied, das an eine vorher gegebene Information ← anknüpft (das Bekannte, das *Thema*), und beinahe immer steht am Ende das für die Information Wichtigste (das Neue, das **Rhema**).

Steht am Anfang eines Satzes jedoch nicht das *Thema*, sondern ein anderes Satzglied, womöglich sogar das **Rhema**, so erhält es an dieser Stelle ein ganz besonderes Gewicht. In Texten, die das Emotionale betonen, kommen solche Satzgliedstellungen gelegentlich vor. Denkbar wäre dies auch in unserem Fabeltext bei einer Reihe von Sätzen. Zu viele solcher Herausstellungen beeinträchtigen allerdings den sachlichen Charakter der Fabel. Durch Fettdruck sind die besonders emotional betonten Satzglieder herausgestellt:

... **Nur wegen ihrer Uneinigkeit** hätten sie die Niederlage einstecken müssen.
... **Furcht** wollten sie damit den Katzen einjagen.
... **Verloren** haben sie diese natürlich **auch** wieder.
... **Genüsslich** wurden sie also von den Katzen **verspeist**.

Die Attribute

Überblick über die Arten von Attributen

Während **Satzglieder** als **Teile des Satzes** von einem **Verb als Kern** abhängen, hängen die meisten **Attribute** als **Teile von Satzgliedern** von einem **Nomen als Kern** ab. Sie werden auch als **Beifügungen** bezeichnet. Als Attribute zu Nomen können folgende Wörter und Wortgruppen auftreten:

Attributart	linksverzweigt	Nomen	rechtsverzweigt
Adjektiv/Partizip:	*das alte, verfallene* →	***Haus***	
Nomen im Genitiv:	*das*	***Haus***	← *des Nachbarn*
Nomen mit Präposition:	*das*	***Haus***	← *unter den Bäumen*
Apposition:	*das*	***Haus,***	← *diese alte Bude,*
Adverb:	*das*	***Haus***	← *gegenüber*
Relativsatz:	*das*	***Haus,***	← *das dem Nachbarn gehört,*
Infinitivgruppe:	*das*	***Glück,***	← *ein Haus zu besitzen*
Partizipialgruppe:	*das dem Nachbarn gehörende*	***Haus***	

Attribute, die vor dem Nomen stehen, zu dem sie gehören, nennt man **linksverzweigte**, solche, die hinter dem Nomen stehen, **rechtsverzweigte** Attribute.

Die Verwendung von Attributen in einem Text

In der Nacht schlafwandelnde → **Menschen** solle man nicht wecken,	Partizipialgruppe
da der **Schock** ← über das Aufwachen tödlich sein könnte.	Nomen mit Präposition
Stimmt diese **Legende**, ← die man sich erzählt? –	Relativsatz
Ein **Fünftel** ← aller Kinder wandelt gelegentlich im Schlaf.	Nomen im Genitiv
Schlafwandler, ← somnambule Menschen also, bewegen sich	Apposition
zwar nicht mit „schlafwandlerischer“ → **Sicherheit**.	Adjektiv
Sie folgen oft einer **Lichtquelle**, ← z. B. dem Mond,	Apposition
und gehen dabei meist einen geraden → **Weg**,	Adjektiv
ohne auf **Hindernisse**, ← die sich ihnen stellen, zu achten.	Relativsatz
Das **Ziel**, ← mit einem Nachwandler umzugehen, sollte sein,	Infinitivgruppe
ihn behutsam ins **Bett** ← zu Hause zurückzubringen.	Adverb
Am nächsten → **Morgen** haben Schlafwandler	Adjektiv
in der Regel keine **Ahnung** mehr ← von ihrem „Ausflug“.	Nomen mit Präposition

Nominalstil mit Attributen – Verbalstil mit Attributsätzen

Mutwillige Zerstörung im Nominalstil

Auf den zu der Schule Bollenheim gehörenden → **Schulhöfen** dürfen Schüler auch außerhalb der Schulzeit die dort aufgestellten → **Geräte** nutzen. Nach **Auskunft** ← der empörten Schulleiterin ist nun am letzten → **Wochenende** eine der aus Beton bestehenden → **Platten** mutwillig zerstört worden. Die von den Eltern gespendete → **Platte** war zu einem **Preis** ← von 1 000 Euro erst im letzten → **Jahr** angeschafft worden. Die Schulleiterin bedauert, dass das in die Schüler gesetzte → **Vertrauen** nicht bestätigt wurde. Sie wies darauf hin, dass es in der zurückliegenden → **Zeit** leider zu vielerlei als Wandalismus zu bewertenden → **Arten** ← von Zerstörungen irreparabler Geräte auf dem Schulhof gekommen sei. Deshalb denke sie über eine vorübergehende, zumindest aber die Wochenenden andauernde → **Schließung** ← des Schulhofs nach. Ähnlich sieht dies der **Stadtdirektor** ← Bollenheims. Es sei dringend notwendig, weitere Schäden verhindernde → **Maßnahmen** zu ergreifen.

Mutwillige Zerstörung im Verbalstil

Auf den **Schulhöfen**, ← die zur Schule Bollenheim gehören, dürfen Schüler auch außerhalb der Schulzeit die **Geräte** benutzen, ← die dort aufgestellt sind. Nach Auskunft der empörten Schulleiterin ist nun am letzten Wochenende eine der **Platten**, ← die aus Beton besteht, mutwillig zerstört worden. Die **Platte**, ← die von den Eltern gespendet worden war, war zu einem Preis von 1 000 Euro im letzten Jahr angeschafft worden. Die Schulleiterin bedauert, dass die Schüler das **Vertrauen**, ← das in sie gesetzt wurde, nicht bestätigten. Sie wies darauf hin, dass in der zurückliegenden Zeit auf dem Schulhof vielerlei **Geräte** zerstört worden seien, ← die nun irreparabel sind. Das sei als Wandalismus zu bewerten. Deshalb denke sie darüber nach, den Schulhof vorübergehend, zumindest aber über die Wochenenden zu schließen. Ähnlich sieht dies der Stadtdirektor Bollenheims. Es sei dringend notwendig, **Maßnahmen** zu ergreifen, ← die weitere Schäden verhindern.

Kommentar:
Vergleicht man die beiden Texte miteinander, so stellt man fest: Der links abgedruckte Text (übrigens der Originaltext) enthält überwiegend linksverzweigte Attribute, die oft ihrerseits noch einmal erweitert worden sind. Diese Attribute bestehen zu einem großen Teil aus adjektivisch gebrauchten Partizipien wie *gehörend, aufgestellt, bestehend, gesetzt* ... Diese Konstruktionen stellen die Nomen, zu denen sie „hinführen", in den Mittelpunkt. Nominalstil also!
Im rechten Text sind die partizipialen Attribute erweitert zu Relativsatz-Attributen. Damit sind die Partizipien wieder in Verben überführt, von denen sie ja auch abstammen. Verbalstil also!
Die Leserichtung wird damit zugleich eine andere: Während man bei linksverzweigten Attributen „hin" auf das Nomen lesen und also manchmal geradezu darauf warten muss, bis es endlich erscheint, braucht man sich bei rechtsverzweigten Nomen an das vorher bereits genannte Nomen nur „zurück" zu erinnern. Das erleichtert sicherlich das Verständnis des Textes.

Attribut oder Adverbial?

Ein Attribut kann in einem Satz in der Regel nur im Zusammenhang mit dem Nomen umgestellt werden, zu dem es gehört:
*Viele Menschen essen besonders gern **Bratwurst** ← mit Ketchup.*
***Bratwurst** ← mit Ketchup essen viele Menschen besonders gern.*

Manchmal kann aber ein Attribut auch von dem dazugehörigen Nomen getrennt werden. Man spricht dann von einem „ablösbaren" Attribut, das eine gewisse Nähe zu einem selbstständigen Adverbial hat:
*Mit Ketchup → essen viele Menschen ← **Bratwurst** besonders gern.*

Solange dabei klar bleibt, wozu die abgelöste Einheit gehört, gibt es keine Missverständnisse. Das Attribut ist vom dazugehörigen Nomen lediglich abgetrennt. Doch es gibt Fälle, die sind weniger klar:
Gestern hat Leonore wieder den Mann mit dem Fernglas beobachtet.

Hier würden erst Umstellproben möglich machen zu unterscheiden, ob Leonore das Fernglas in der Hand hatte – oder der Mann; ob also *mit dem Fernglas* ein eigenes Adverbial ist oder als Attribut zu *den Mann* gehört.

Adverbial:

Gestern hat Leonore den Mann wieder | mit dem Fernglas | beobachtet.
Mit dem Fernglas | hat gestern Leonore wieder den Mann beobachtet.

Attribut:

*Den **Mann** ← mit dem Fernglas | hat gestern Leonore wieder beobachtet.*
*Leonore hat | den **Mann** ← mit dem Fernglas | gestern wieder beobachtet.*

Attribut oder Objekt?

Das Genitiv-Attribut wird manchmal mit dem Genitiv-Objekt verwechselt. Das Genitiv-Objekt ist von einem **Verb** abhängig, das Genitiv-Attribut von einem **Nomen**:

Genitiv-Objekt: *Der Spieler **rühmte** sich → seines einzigen Tores.*

Genitiv-Attribut: *Der **Schütze** ← dieses einzigen Tores war stolz.*

Genitiv-Objekte sind in der deutschen Sprache außerordentlich selten, Genitiv-Attribute hingegen weit verbreitet.

Hauptsätze

Hauptsätze sind von ihrer Form her betrachtet dadurch gekennzeichnet, dass **das finite Verb** (die Personalform des Verbs) **an zweiter Stelle** steht. Eingerahmt werden sie oftmals vom zweiten Teil des Prädikats, dem Infinitum oder einem Verbzusatz.
Hauptsätze können aus zwei Satzgliedern (in der Regel aus Subjekt und Prädikat) bestehen oder auch aus mehreren. Daher können sie sehr unterschiedlich lang sein.
Ganze Texte, die ausschließlich aus Hauptsätzen bestehen, sind allerdings selten.

Ein Text nur aus Hauptsätzen

Verwechslung

Jonathan **stieg** aus dem Schulbus. In bester Laune **ging** er auf den Schulhof **zu**. Da **sah** er sie plötzlich oben auf der Treppe **stehen**. Es **war** seine Freundin Laura. Sie **winkte**. Sie **lächelte**. Sie **kam** die Stufen **herunter**. Sie **kam** auf ihn zugeflogen. Jonathan **breitete** seine Arme **aus**. Er **wollte** sie **auffangen**. Er **wollte** sie fest in seine Arme **schließen**. Doch dann **geschah** es: Laura **flog** an ihm vorbei. Sie **beachtete** ihn nicht. Sie **hatte** ihn wohl nicht **gesehen**. Jonathan **stand** wie angewurzelt da. Er **schaute** sich um. Da **sah** er es: Sie **flog** einem anderen in die Arme. Wer **war** das? Jedenfalls **hatte** der wohl nur wenige Schritte hinter ihm **gestanden**. Endlos lange Sekunden **stand** Jonathan wie versteinert mit ausgebreiteten Armen da. Dann **ließ** er sie **herabsinken**. Zutiefst enttäuscht und zugleich beschämt **schlich** er sich kopfschüttelnd auf den Schulhof. Mit Laura **ist** es jetzt wohl vorbei. So etwas **würde** er sich kein zweites Mal **bieten lassen**. Er **sagte** sich: **Lass** sie **ziehen**! Damit **hatte** er sicherlich recht.

Hauptsatzverbindungen, Hauptsatzreihen

Mit nebenordnenden Konjunktionen *(und, oder, denn, sowohl ... als auch)* kann man Hauptsätze verbinden. Man kann aber auch durch Kommas abgetrennte Hauptsatzreihen bilden. Die Kommas signalisieren dabei, dass mehrere Hauptsätze in höherem Maße als zusammengehörig empfunden werden als durch ihre Abgrenzung durch Punkte. Teile des obigen Textes sähen also in Hauptsatzreihen und -verbindungen etwa so aus:

... Es **war** seine Freundin Laura, sie **winkte**, sie **lächelte,** sie **kam** die Stufen **herunter,** sie **kam** auf ihn zugeflogen. Jonathan **breitete** seine Arme **aus**, er **wollte** sie **auffangen,** und er wollte sie fest in seine Arme **schließen**. Doch dann geschah es: Laura **flog** an ihm vorbei, sie **beachtete** ihn nicht, – oder **hatte** sie ihn nicht **gesehen**? Jonathan **stand** wie angewurzelt da, er **schaute** sich um, und da **sah** er es: Sie **flog** einem anderen in die Arme. ... Mit Laura **ist** es jetzt wohl vorbei, denn so etwas **würde** er sich kein zweites Mal **bieten lassen**. ...

Satzarten – Satzformen

Betrachtet man Aussagen von ihrer möglichen Absicht und Wirkung aus, so kann man **Satzarten** mit folgenden Intentionen unterscheiden.

Aussage-Intention – Sätze, mit denen der Sprecher eine Feststellung trifft.

Frage-Intention – Sätze mit denen er eine Frage äußert, von einem anderen etwas wissen möchte.

Aufforderungs-Intention – Sätze, mit denen er um etwas bittet, zu etwas auffordert oder etwas befiehlt.

In mündlicher Rede werden diese Intentionen an Mimik, Gestik und Stimmführung deutlich.
In geschriebener Sprache markieren wir die Intentionen mit Punkt, Frage- und Ausrufezeichen.

Betrachtet man solche Aussagen von ihrer äußeren Form her, so unterscheidet man folgende **Satzformen**:

Aussagesätze – indikativische Sätze mit Zweitstellung des Verbs:
Du kommst jetzt.

Fragesätze – indikativische Sätze mit Erststellung des Verbs bei: **Entscheidungsfragen** (Antwort: ja – nein):
Kommst du jetzt?

Ergänzungsfragen mit Fragepronomen (Antwort: Wortgruppe oder Satz):
Wann kommst du?

Aufforderungssätze – Imperativsätze mit Erststellung des Verbs:
Komm jetzt!

Intentionen und Formen der Sätze sind nicht deckungsgleich. Mit der Form des Aussagesatzes können wir z. B. etwas feststellen, nach etwas fragen oder zu etwas auffordern:
Paula spielt heute nicht mit. – Paula spielt heute nicht mit? – Paula spielt heute nicht mit!
Mit der Form des Fragesatzes können wir fragen oder zu etwas auffordern:
Kannst du nicht die Tür zumachen? – Kannst du nicht die Tür zumachen!
Die Satzschlusszeichen sind in geschriebener Sprache die Indizien dafür, wie ein Schreiber einen Satz verstanden haben möchte.

Satzschlusszeichen

Punkt:
Der Punkt ist das neutrale Satzzeichen, das am Ende eines Aussagesatzes steht.
Bei Satzgefügen ist der Hauptsatz für die Setzung des Punktes entscheidend:
Ich freue mich auf deinen Besuch. Wann du kommst, kannst du mir telefonisch mitteilen.
Ein Punkt wird manchmal auch dann gesetzt, wenn der Abschluss eines Gedankens gekennzeichnet werden soll, auch wenn der Satz syntaktisch unvollständig ist:
Ich freue mich. Besonders auf deinen Besuch.

Semikolon:
Das Semikolon trennt vollständige Sätze, die in ihrer Bedeutung als weniger abgeschlossen verstanden werden sollen als durch einen Punkt; es kann auch statt des Kommas in Aufzählungen verwendet werden. Nach dem Semikolon schreibt man klein:
Teile mir deine Ankunft telefonisch mit; ich hole dich dann vom Bahnhof ab.

Fragezeichen:
Das Fragezeichen ist ein Kennzeichen dafür, dass ein Satz als Frage verstanden werden soll:
Entscheidungsfrage: *Kommst du?* Ergänzungsfrage: *Wann soll ich dich abholen?*
Bei Satzgefügen richtet sich das Schlusszeichen nach dem übergeordneten Hauptsatz:
Punkt: *Sie fragte, wann er sie abholen solle.*
Fragezeichen: *Wusste sie, wann er kommen würde?*
Wird ein formaler Aussagesatz mit Frageintention geäußert, signalisiert man die Frageintention mit einem Fragezeichen: *Sie kommt nicht?*

Ausrufezeichen:
Das Ausrufezeichen ist ein Kennzeichen dafür, dass der vorausgehende Satz oder Ausdruck als mit besonderem Nachdruck geäußert zu verstehen ist. Das gilt besonders für Ausrufesätze, Aufforderungssätze und Bitten:
Meine Damen und Herren! Ruhe, bitte! Was für ein Glück, dass du kommst! Glück gehabt!
Komm sofort! Sie kommt nicht!
Ohne besonderen Nachdruck geäußerte Aufforderungen (in Aufgabenstellungen z. B.) stehen mit Punkt: *Lest euch den Text leise durch.*

Doppelpunkt:
Der Doppelpunkt steht nach Sätzen und Ausdrücken, die etwas ankündigen oder das Vorausgehende zusammenfassen. Ist der Satz nach dem Doppelpunkt ein vollständiger Satz, so schreibt man den Satzanfang groß:
Folgendes gab mir zu denken: ihre Unentschlossenheit.
Ich ahnte daher: Sie würde wahrscheinlich doch nicht kommen.
Ihre Ausreden, ihre Verlegenheit, ihr Drumherum-Gerede: Das alles machte mich unsicher.

Kommasetzung in Hauptsätzen – Übersicht

Herausstellungen:

1. Anrede:
Kinder, hört doch mal zu!
Hört doch mal zu, Kinder!
2. Interjektion:
Ach, das ist aber schade!
Nein, das stimmt nicht!
3. Datumsangabe:
Berlin, den 10. Juli
Sie kam am Montag, dem 10. Juli
4. Apposition:
Maria, meine Schwester, ist da.
Felix, der Klassensprecher, sagte: ...
5. Nachträgliche Erläuterung, Betonung:
Ich werde kommen, und zwar bald.
Sie weigerte sich, und das mit Recht.
Das stimmt nicht, auf keinen Fall!
6. Einschub, Parenthese:
Eines Tages, es waren gerade Ferien, sind wir in die Berge gefahren.
Er musste (,) wegen unglaublicher Schmerzen (,) sofort zum Arzt gebracht werden.
Parenthesen können auch durch *Klammern* oder *Gedankenstriche* abgegrenzt werden:
Er beteuerte (und das mit Recht) seine Unschuld. Er beteuerte – und das mit Recht – seine Unschuld.

Nebenordnungen – Aufzählungen:

1. Aufzählung von Wörtern:
Er nahm grüne, rote, gelbe Farben.
1.1 Aber vor *und/oder* kein Komma:
Er nahm grüne, rote und gelbe Farbe.
2. Aufzählung von Wortgruppen:
Sie hatte lila Jeans, ein gelbes T-Shirt, rote Schuhe an.
2.1 Aber vor *und/oder* kein Komma:
Sie hatte lila Jeans und rote Schuhe an.
2.2 Bei Vergleichen steht kein Komma:
Sowohl ihr Führerschein war weg wie auch alle ihre Schecks.
3. Aufzählung von Hauptsätzen:
Die Leute lachten, andere klatschten Beifall, die meisten waren begeistert.
3.1 Vor *und/oder* muss kein Komma stehen, aber es *kann* stehen, um die Gliederung deutlich zu machen:
Die Leute lachten (,) und andere klatschten Beifall (,) und die meisten waren begeistert.
4. Hauptsatzverbindungen, Entgegensetzungen:
Sie ist nicht arm, aber sie ist zufrieden.
Das war kein PKW, sondern ein Laster.
Sie konnte nicht kommen, denn sie war krank.

Nebensätze

Der **Nebensatz** ist ein Teilsatz, der einem Hauptsatz **untergeordnet** ist. Er besitzt wie der Hauptsatz ein **Prädikat**.
Die Verbindung von Haupt- und Nebensatz nennt man **Satzgefüge**.
Der Prototyp des Nebensatzes ist durch zweierlei gekennzeichnet:
1. an seinem **Anfang** steht ein einleitendes Verbindungswort;
2. an seinem *Ende* steht das finite Verb.
*Es ist schön, **dass** du mich morgen besuchst.*
Der Begriff „Nebensatz" hat nichts damit zu tun, dass in Nebensätzen Nebensächliches steht. Oftmals enthält er sogar die wesentliche Information eines Satzgefüges.

Ein Text aus Haupt- und Nebensätzen

Verwechslung

Als Jonathan aus dem Bus gestiegen war, ging er in bester Laune auf den Schulhof. **Was** er da auf der Schultreppe sah, ließ sein Herz höher schlagen. Es war Laura, **die** ihm von dort oben zulächelte. **Nachdem** sie auch noch fröhlich gewinkt hatte, kam sie auf ihn zugeflogen. Jonathan breitete, **da** er das schöne Mädchen auffangen wollte, seine Arme aus. Doch dann geschah etwas, **wonach** er sich wirklich nicht gesehnt hatte. Sie flog nämlich an ihm vorbei, **ohne** ihn auch nur im Geringsten zu beachten. **Als** er sich umdrehte, sah er, **dass** sie in den Armen eines anderen lag, **der** hinter ihm gestanden hatte. Jetzt erst wusste er, **dass** es dieser Typ gewesen war, **dem** Lauras Winken und Lächeln gegolten hatte. **Nachdem** Jonathans Arme nach viel zu langer Zeit wieder herabgesunken waren, ging er kopfschüttelnd auf den Schulhof zu. Er würde Laura nachher sagen müssen, das sei es jetzt wohl gewesen mit ihm und mit ihr.

Die Stellung von Haupt- und Nebensätzen

In dem Text oben werden die drei wesentlichen Stellungen von Haupt- und Nebensatz deutlich:

1. der dem Hauptsatz **vorausgestellte** Nebensatz:
Als Jonathan aus dem Bus gestiegen war, ging er in bester Laune auf den Schulhof.

2. der dem Hauptsatz **nachgestellte** Nebensatz:
Doch dann geschah etwas, wonach er sich wirklich nicht gesehnt hatte.

3. der in den Hauptsatz **eingeschobene** Nebensatz:
Jonathan breitete, da er das schöne Mädchen auffangen wollte, seine Arme aus.

Der letzte Satz des Textes ist ein indirekter Redesatz, der ebenfalls als Nebensatz gilt.

Die Nebensatz-Arten

	Gliedsätze in der Rolle des Subjekts	Gliedsätze in der Rolle des Objekts	Gliedsätze in der Rolle des Adverbials	Attribut-sätze
Mit Konjunktion eingeleitete Nebensätze	(Was freute ihn?) ***Dass** Pia kommt*, *freute Niklas.*	*Er wusste,* (was?) ***dass** sie kommt*.	*Er freute sich,* (warum?) ***weil** sie kommt*.	
Mit Pronomen eingeleitete Nebensätze	***Wann** sie kommt*, (Was war unklar?) *war ihm unklar.*	*Er wusste nicht,* (was?) ***wann** sie kommt*.	*Er holt sie ab,* (wo?) ***wo** immer sie auch ankam*.	*Niklas, **der** in sie verliebt war, holte sie ab.*
Uneingeleitete Nebensätze: Infinitivgruppen	(Was freute ihn?) *Sie zu sehen, freute ihn.*	*Er beschloss,* (was?) *sie abzuholen.*	(warum?) *Um sie abzuholen, fuhr er zum Bahnhof.*	*Er hatte die große Freude, sie abzuholen.*
Partizipialgruppen			(wie?) *Von Sehnsucht getrieben, holte er sie ab.*	
Indirekte Redesätze mit Verbzweitstellung		*Sie sagte,* (was?) *sie komme heute.*		

Die Nebensätze lassen sich, von ihrer Funktion her betrachtet, in zwei große Gruppen einteilen:

1. Gliedsätze, die die Funktion von Satzgliedern einnehmen und sich zum großen Teil zu Satzgliedern verkürzen lassen.
Gliedsatz (Subjektsatz): *Dass Pia zu Besuch kam, freute Niklas.*
Satzglied (Subjekt): *Pias Besuch freute Niklas.*

2. Attributsätze (zumeist Relativsätze), die die Funktion von Attributen einnehmen und sich zum Teil zu anderen Attributen verkürzen lassen.
Relativsatz: *Niklas, der verliebt war, freute sich auf Pias Besuch.*
Adjektiv-Attribut: *Der verliebte Niklas freute sich auf Pias Besuch.*

Bei Rückführungen von Nebensätzen mit ihren Prädikaten in Satzglieder und Attribute geht der verbale Aspekt des Satzes verloren; an seine Stelle tritt vielfach ein nominaler Aspekt:
*Weil Pia **erkrankte**, blieb Niklas dann doch allein.*
→ *Wegen Pias **Erkrankung** blieb Niklas dann doch allein.*

Es gibt auch Nebensätze ohne Satzglied- oder attributive Funktion. Dann sind sie aus der Rolle eines Hauptsatzes in die eines Nebensatzes überführt worden:
Niklas holte Pia vom Bahnhof ab. Danach ging er mit ihr in ein Café.
Niklas holte Pia vom Bahnhof ab, wonach er mit ihr in ein Café ging.

Die Grammatik von *dass*-Sätzen

Die Konjunktion *dass* ist die am häufigsten vorkommende Nebensatzkonjunktion überhaupt. Zugleich ist sie das am häufigsten falsch geschriebene Wort in der deutschen Sprache (*das* statt *dass*). *Dass*-Sätze sind Inhaltssätze. Das heißt: Sie sind es, die den genaueren Inhalt eines (ergänzungsbedürftigen) Wortes im Hauptsatz erst kennzeichnen. Auf folgende Wörter in Hauptsätzen sollte man also besonders achten, da sie ergänzungsbedürftige „Vorsignale" darstellen, die *dass*-Sätze eröffnen können:

1. Verben (des Sagens, Denkens, Fühlens, sinnlichen Wahrnehmens ... als Vorsignale für *dass*-Sätze): *sagen, denken, meinen, fühlen, wissen, fürchten, hoffen, glauben, annehmen, beobachten, erwarten, hören, wünschen, behaupten, erwarten, ... dass:*
Sie hoffen (was?), ***dass sie gewinnen werden.***
Nebensatz auch an Erststelle: Dass sie gewinnen werden, hoffen sie alle.

2. Nomen (entsprechende nominalisierte Verben des Denkens, Sagens, Fühlens ... als Vorsignale für *dass*-Sätze): *die Meinung vertreten, das Gefühl haben, im Glauben sein, die Beobachtung machen, die Erwartung haben, die Hoffnung haben, ... dass:*
Sie haben die Hoffnung (welche?), ***dass sie gewinnen werden.***
Nebensatz selten an Erststelle!

3. Adverbialpräpositionen (Kombinationen aus dem Adverb *da* und Präpositionen als Vorsignale für *dass*-Sätze): *dabei, dafür, davon, daran, darauf, dazu, danach, ... dass:*
Sie setzten alles dafür ein (wofür?), ***dass sie gewinnen.***
Nebensatz auch an Erststelle: *Dass sie gewinnen, dafür setzten sie alles ein.*

4. Das Pronomen *es* (als Vorsignal für *dass*-Sätze): *Es wundert mich, es freut mich, es ärgert mich, ich bin es leid, ich betrachte es als Fehler, ... dass:*
Es (was?) ***wunderte alle, dass sie verloren.***
Nebensatz an Erststelle bei Wegfall des *Es: Dass sie verloren, wunderte alle.*

5. Adjektive (und einige Adverbien mit dem Vorsignal *so*): *so groß, so wütend, so lang, so schlecht, so sehr, so oft, ... dass:*
Sie spielten so schlecht (wie schlecht?), ***dass sie zu Recht verloren.***
Nebensatz nicht an Erststelle!

Hauptsätze – Adverbialsätze – Adverbiale

Sie kam herein. Sie lachte. Er ging.
Diese drei unverbundenen Hauptsätze können in mancherlei Beziehungen zueinander gesetzt werden. Mit Konjunktionen und Adverbien kann der Sprecher/Schreiber deutlicher machen, wie er sie verstanden wissen möchte, als wenn er sie nur nebeneinanderstellt.
An den korrespondierenden Sätzen in dieser Tabelle kann man erkennen, wie sich Haupt- und Nebensatzgefüge, Hauptsätze mit adverbialen Satzgliedern und aneinandergereihte Hauptsätze entsprechen:

Ermittlungsfrage	**Gliedsatz mit unterordnender Konjunktion**	**Präpositionale Wortgruppe – Adverbial**	**Hauptsatz mit Konjunktion oder Adverb**	**Infinitivgruppe mit *um zu* Partizipialgruppe**
Temporal: Gleichzeitigkeit: Wann?	*Als sie kam, ging er.*	*Während ihrer Ankunft ging er.*	*Sie kam. Zugleich ging er.*	
Vorzeitigkeit: Wonach?	*Nachdem sie gelacht hatte, ging er.*	*Nach ihrem Gelächter ging er.*	*Sie lachte. Danach ging er.*	*Von ihr ausgelacht, zog er ab.*
Modal: Wie?	*Sie kam herein, indem sie lachte.*	*Mit einem Lachen kam sie herein.*	*Sie kam herein. Dabei lachte sie.*	*Aus vollem Halse lachend, kam sie herein.*
Kausal: Warum? Wieso? Weshalb?	*Weil sie lachte, ging er.*	*Er ging wegen ihres Gelächters.*	*Er ging, denn sie lachte.*	
Konditional: Unter welcher Bedingung?	*Falls sie wieder lacht, geht er.*	*Bei ihrem Gelächter geht er.*	*Sie lacht. Unter dieser Bedingung geht er.*	
Konsekutiv: Mit welcher Folge?	*Sie lachte, sodass er ging.*	*Sie lachte über seinen beleidigten Abgang.*	*Sie lachte, infolgedessen ging er.*	
Final: Zu welchem Zweck? Mit welcher Absicht?	*Sie lachte, damit er gehen sollte.*	*Sie lachte zum Zweck seines Abgangs.*	*Sie lachte, nur so würde er abhauen.*	*Sie lachte, um ihn zum Gehen zu bewegen.*
Konzessiv: Trotz welchen Umstandes?	*Obwohl er ging, lachte sie.*	*Trotz seines Weggangs lachte sie.*	*Er ging, trotzdem lachte sie.*	

Satzgefüge

Ein Satzgefüge besteht aus einem Hauptsatz und mindestens einem ihm untergeordneten Nebensatz. In komplizierteren Satzgefügen können aber auch einem Nebensatz weitere Nebensätze untergeordnet sein. Man spricht dann von **Nebensätzen verschiedenen Grades**. Dabei können Nebensätze anderen **nachgestellt** oder in sie **eingeschoben** sein. In einem Satzgefüge bezieht sich jeder untergeordnete Nebensatz auf ein Wort oder eine Wortgruppe des ihm übergeordneten Satzes. Objekt- und Adverbialsätze beziehen sich auf ein übergeordnetes Verb, Attributsätze auf ein übergeordnetes Nomen oder Pronomen:

Hauptsatz: .... *Kein Mensch ist so töricht,*

Nebensatzanfang 1. Grades: .... ***dass** er nicht einem anderen,*

Nebensatz 2. Grades (eingeschoben) .... ***der** klüger ist,*

Nebensatzende 1. Grades: .... *eine Wahrheit sagen könnte,*

Nebensatz 2. Grades:.. ***die** ihn derartig wachrüttelt,*

Nebensatz 3. Grades: .... ***dass** der gar nicht anders kann,*

Nebensatz 4. Grades:... ***als** am Ende dankbar **zu** sein.*

In einer anderen schaubildhaften Darstellung sähe der berühmte Satz von Wilhelm Busch folgendermaßen aus:

Wenn einer, der mit Mühe kaum
geklettert ist auf einen Baum,
schont meint, dass er ein Vogel wär',
so irrt sich der.

Wenn einer, der mit Mühe kaum geklettert ist auf einen Baum, schon meint, dass er ein Vogel wär', so irrt sich der.

Nebensatzanfang 1. Grades | Nebensatz 2. Grades | Nebensatzende 1. Grades | Nebensatz 2. Grades | Hauptsatz

Komplizierte Satzgefüge

Verwechslung

Als Jonathan aus dem Schulbus geklettert war 1), als er dann 2), sich nicht gerade in bester Laune befindend 3), gerade den Schulhof betreten wollte 2), **sah er Laura** 4), die er zu seinen besten Freundinnen zählte 5), **oben auf der Treppe stehen** 4), wobei sie winkte und lächelte 6), was er nicht anders deuten konnte 7), als dass diese fröhliche Art 8), ihn zu begrüßen 9), selbstverständlich nur ihm gelten konnte 8). Nachdem er zurückgewinkt hatte 10), **sah er** 11), wie sie in ihrem roten Rock die Treppe heruntergesprungen kam 12), um ihm entgegenzufliegen 13), was er 14), nun mit ausgebreiteten Armen dastehend 15), um die Schöne aufzufangen 16), zumindest als eine Aufbesserung seiner miesen Laune 14), die man an einem Schulmorgen hat 17), der ja nicht eben viele Schönheiten bietet 18), ansehen konnte 14). **Wie verblüfft war er aber** 19), dass das rote Vögelchen 20), ohne ihn zu beachten 21), an ihm vorbei einem Kerl 20), der hinter ihm stand 22), in die Arme flog 20), wobei der sie 23), was Jonathan 24), sich verdutzt umdrehend 25), zur Kenntnis nehmen musste 24), herzhaft küsste 23). **Er konnte die Worte hören** 26), die der Typ zu Laura sprach 27), ob sie denn auf ihn gewartet habe 28), **und auch die Antwort** 26), sie sei extra einen Bus früher gefahren 29), was Jonathan das Blut in den Kopf schießen ließ 30). **Es dauerte einige Sekunden** 31), bis der Ärmste 32), der noch immer die Arme zum Auffangen erhoben hatte 33), wieder zu sich kam und seine Arme 32), die Lauras Wärme körperlich schon gefühlt hatten 34), herabsinken ließ 32). **Wie ein begossener Pudel schlich Jonathan über den Schulhof** 35), sich innerlich die Worte vorsagend 36), das sei es jetzt wohl gewesen mit Laura 37), womit er 38), wie der Erzähler vermutet 39), nicht ganz Unrecht hatte 38).

Kommentar:
Dieser Text ist aus sechs Sätzen konstruiert, die ihrerseits jeweils aus einem Hauptsatz (4, 11, 19, 26, 31, 35) und bis zu sieben Nebensätzen bis zum 5. Grad (Satz 10–17) bestehen. Gleiche Ziffern machen deutlich, in welchen Fällen die Teilsätze unterbrochen worden sind. Manche Nebensätze sind den Hauptsätzen vorangestellt (z. B. 1, 8), manche in sie eingeschoben (z. B. 27, 28), die meisten ihnen nachgestellt (z. B. 32–34). Doch auch einige Nebensätze sind von anderen eingeschobenen Nebensätzen unterbrochen (z. B. 8, 5, 16). Das Repertoire der Nebensätze umfasst Adverbialsätze (z. B. 1, 2, 8), Objektsätze (z. B. 12, 20), Partizipialgruppen (z. B. 3, 15), Infinitivgruppen (z. B. 9, 13), Attributsätze (z. B. 5, 7), uneingeleitete indirekte Redesätze (z. B. 29, 37) sowie Sätze ohne Satzgliedfunktion (z. B. 6, 23, 30).

Kommasetzung in Satzgefügen – Übersicht

Nebensätze werden von Haupt- und anderen Nebensätzen durch Kommas abgegrenzt:

1. Hauptsatz, Nebensatz:
Sie kam zu spät, weil ein Stau war.

2. Nebensatz, Hauptsatz:
Weil ein Stau war, kam sie zu spät.

3. Hauptsatzanfang, Nebensatz, Hauptsatzende:
Sie kam, weil ein Stau war, zu spät.

4. Hauptsatz, Nebensatz 1. Grades, Nebensatz 2. Grades:
Sie kam zu spät, weil sie in einen Stau geriet, den sie nicht umfahren konnte.

5. Hauptsatz, 1. Nebensatzanfang, 2. Nebensatz, 1. Nebensatzende:
Sie geriet in einen Stau, der sie, weil sie ihn nicht umfahren konnte, viel Zeit kostete.

6. Erster Hauptsatz, Nebensatz, zweiter Hauptsatz mit *und:*
Er hatte verschlafen, weil er den Wecker nicht gehört hatte, und er kam deswegen zu spät.

7. Infinitivgruppen:
Sie *können* stets durch Kommas abgegrenzt werden:
Sie versuchte (,) ihn zu sprechen.
Sie *müssen* es jedoch, wenn sie mit *als, außer, ohne, um* eingeleitet werden:
Sie ging ins Schwimmbad, um noch ein paar Runden zu trainieren.
Sie *müssen* auch dann mit Komma abgegrenzt werden, wenn sie sich auf ein Nomen im Hauptsatz oder ein hinweisendes Wort beziehen:
Sein Vorschlag, über die Sache abzustimmen, wurde abgelehnt.
Ich erinnere mich daran, dir das Buch geliehen zu haben.
Das Komma sollte immer dann gesetzt werden, wenn durch Mehrdeutigkeit Missverständnisse entstehen könnten:
Ich rate dir nicht, alles zu sagen. – Ich rate dir, nicht alles zu sagen.

8. Partizipialgruppen und andere Wortgruppen:
Sie *können* stets durch Kommas abgegrenzt werden:
Aus vollem Halse lachend (,) kam sie auf uns zu.
Das gilt auch für entsprechende andere Wortgruppen:
Sie kam (,) mit einem Lachen aus vollem Halse (,) auf uns zu.
Sie *müssen* es jedoch, wenn sie sich auf ein ankündigendes Wort im Hauptsatz beziehen:
Aus vollem Halse lachend, so kam sie auf uns zu.
Sie *müssen* es auch, wenn sie als nachgestellte Erläuterungen zu verstehen sind:
Sie, aus vollem Halse lachend, kam auf uns zu.

Ein kleines A – Z der orthografischen und grammatischen Kompetenz

a) Warum schreibt man *grölen* nicht mit Dehnungs-h? → 10
b) Wird bei deutlichem Sprechen das *ff* in *schaffen* doppelt gesprochen oder nicht? Und wie nennt man die Stelle im Wort, an der das *ff* auftritt? → 11
c) Warum schreibt man *essen* mit *ss*, aber *aß* mit *ß*? → 12
d) Wie schreibt man eine Zusammensetzung wie *klein|schneiden*: getrennt oder zusammen? → 13
e) Warum gehören die Zahlwörter (Numerale) nicht zu einer eigenen Wortart? → 14
f) Was ist eine „finite Verform"? → 15
g) Wodurch ist ein transitives Verb gekennzeichnet? → 17
h) Wie heißt es: *Ich habe das tun müssen* – oder *tun gemusst*? Und warum? → 18
i) Wie nennt man ein Präsens, das plötzlich in einem Text auftritt, der im Präteritum steht? → 21
j) Was kann man mit dem Futur II ausdrücken? → 23
k) Was ist „consecutio temporum"? → 27
l) Welchen Vorzug hat das Passiv gegenüber dem Aktiv? → 29, 31
m) Was bedeutet der Begriff „Ersatzform" im Zusammenhang mit dem Konjunktiv I? →35
n) Wie unterscheidet man begrifflich Sätze wie: *Wenn ich im Lotto gewänne, dann würde ich ...* und: *Wenn ich im Lotto gewonnen hätte, dann hätte ich ...*? → 38
o) Worin unterscheidet sich der *Nominalstil* von Texten vom *Verbalstil*? Und wo kommen die beiden Textarten vor allem vor? → 19, 41, 79
p) Welches ist die wichtigste Aufgabe des unbestimmten Artikels? → 44
q) Warum zählt man das Wort *selten* zu den Adjektiven und das Wort *manchmal* zu den Adverbien? → 49
r) Worin unterscheiden sich die Konjunktionen *denn* und *weil*? → 55, 56
s) Wie nennt man das Wörtchen *denn* in einem Satz wie: *Wo bleibst du denn nur!* → 60
t) Welches ist das Subjekt im folgenden Satz: *Ein wichtiges Ziel bleibt der Schulabschluss.* → 67
u) Mit welchen Satzglied-Begriffen bezeichnet man die unterstrichenen Teile in folgenden Sätzen: *Die Schüler kamen zur Aufführung. – Das Theaterstück kam zur Aufführung.* → 74
v) Wie nennt man die Satzglieder, die in einem fortlaufenden Text in der Regel an erster Stelle stehen? → 76, 77
w) Wie nennt man die unterstrichenen Teile der folgenden Sätze: *Er rühmt sich seiner Taten. – Er ist stolz auf das Ergebnis seiner Taten.* → 71, 80
x) In einem Hauptsatz deuten „Vorsignale" darauf hin, dass ein Nebensatz mit *dass* folgt. Nenne einige von ihnen. → 87
y) Muss hier ein Komma stehen oder nicht? Begründe. *Ich erinnere dich daran (,) mir das Geld zurückzugeben.* → 91
z) Muss hier ein Komma stehen oder nicht? Begründe. *Er ging weg, weil sie nicht gekommen war (,) und ärgerte sich.* → 91

Stichwortverzeichnis

Notizen